绿色办奥　共享办奥

开放办奥　廉洁办奥

BEIJING 2022™

北京冬残奥会会徽

会徽设计秉承展现举办地文化、体现以运动员为中心的理念，将中国书法艺术与冬残奥会体育运动特征结合起来。设计展现了汉字“飞”的动感和力度，巧妙地将其幻化成一个向前滑行、冲向胜利的运动员，同时形象化地展现了轮椅等冬残奥会特殊运动器械形态。

会徽图形上半部分线条刚劲曲折，下半部分柔美圆润，寓意运动员经过顽强拼搏、历经坎坷最终达到目标获得圆满成功。会徽展现了运动员不断飞跃、超越自我、奋力拼搏、激励世界的冬残奥精神。

会徽图形整体充满了昂扬向上的激情，奋进飞跃的动感，色彩丰富，构图完美，象征并激发运动员以坚强的意志作为精神的翅膀，在冬残奥赛场上放飞青春梦想！

冬残奥会
竞赛项目知识读本

北京 2022 年冬奥会和冬残奥会组织委员会　编

北京体育大学出版社

策划编辑：佟　晖
责任编辑：佟　晖
责任校对：赵红霞
版式设计：谭德毅

图书在版编目（CIP）数据

冬残奥会竞赛项目知识读本 / 北京2022年冬奥会和冬残奥会组织委员会编. -- 北京 : 北京体育大学出版社, 2022.1

ISBN 978-7-5644-3532-5

Ⅰ. ①冬… Ⅱ. ①北… Ⅲ. ①冬季奥运会—基本知识—北京—2022②世界残疾人运动会—冬季奥运会—基本知识—北京—2022 Ⅳ. ①G811.212②G811.228

中国版本图书馆CIP数据核字（2022）第009371号

冬残奥会竞赛项目知识读本

DONGCANAOHUI JINGSAI XIANGMU ZHISHI DUBEN

北京 2022 年冬奥会和冬残奥会组织委员会　编

出版发行：北京体育大学出版社
地　　址：北京市海淀区农大南路1号院2号楼2层办公B-212
邮　　编：100084
网　　址：http://cbs.bsu.edu.cn
发 行 部：010-62989320
邮 购 部：北京体育大学出版社读者服务部 010-62989432
印　　刷：北京瑞禾彩色印刷有限公司
开　　本：710mm × 1000mm　1/16
成品尺寸：170mm × 240mm
印　　张：11.25
字　　数：180千字
版　　次：2022年1月第1版
印　　次：2022年1月第1次印刷
定　　价：60.00元

北京 2022 年冬奥会和冬残奥会
系列教材编委会

《冬残奥会竞赛项目知识读本》编审人员

主　　编： 闫　成

主　　审： 杨金奎

副 主 编： 赵素京　吴竞军　曹卫东　赵伯群　董学模

执行主编： 董英双　杨冬平

撰　　稿： 李建锐　殷积武　李智鹏　薛涵芳　何咏菊　瓮　雪　刘程远　李　茜　任　芳　姚保华

审　　稿： 何珍文　中国残疾人体育运动管理中心

编辑制作： 北京体育大学出版社

校　　对： 北京冬奥组委信息与知识管理（IKM）团队

目 录
Contents

概 述……1

冬残奥会发展历程……9

残奥高山滑雪……27

残奥冬季两项……57

残奥越野滑雪……75

残奥冰球……99

残奥单板滑雪……117

轮椅冰壶……135

助残理念与服务……155

概　述

国际残奥委会总部（新址）

残疾人奥林匹克运动会（简称残奥会）是由国际残疾人奥林匹克委员会（简称国际残奥委会）管理，专为肢体残疾、视力障碍运动员以及部分智力残疾运动员举行的世界大型综合性运动会。残奥会分为夏季残奥会和冬季残奥会。它与听力障碍运动员参与的听障奥林匹克运动会（简称“聋奥会”）、智力残疾运动员参与的特殊奥林匹克运动会（简称“特奥会”），都是残奥运动大家庭的重要成员。

国际残奥委会总部（旧址）

一、国际残奥运动的起源和发展

残奥运动的起源，可以追溯到第二次世界大战（简称“二战”）后的欧洲。“二战”期间，产生了大量的伤兵，英国政府设立了脊髓损伤康复中心，神经外科医生第一次把体育运动作为脊髓损伤残疾者康复的一种方式。

1948年7月29日，伦敦奥运会开幕式当天，英国古特曼医生在斯托克·曼德维尔康复中心组织了一次轮椅比赛，有14名男性和2名女性截瘫患者参加了轮椅射箭比赛。1952年，由于荷兰退役军人的加入，该项比赛演变为国际性赛事。当时英国、荷兰两个国家的130名残疾运动员参加了比赛，这就是第1届国际斯托克·曼德维尔运动会。此后国际斯托克·曼德维尔轮椅运动联合会成立。该赛事每年定期举办，至1959年共举办了 8 届。

1960年，第17届夏季奥运会结束两周后，来自23个国家的400名残疾运动员参加了在意大利罗马举行的第9届国际斯托克·曼德维尔运动会，这届运动会在20世纪80年代被国际残奥委会正式承认为第1届“残奥会”。从那以后，残奥会每四年举行一次。

1988年，第8届残奥会在汉城举行，此后，形成了每届夏季残奥会和夏季奥运会在同一城市举办的惯例。2008年北京残奥会是第一个在国际奥委会和国际残奥委会签署的合作协议指导下举办的残奥会。如今，残奥会已成为世界范围内最高水平的残奥竞技性体育赛会。

冬季残奥运动项目的发展与夏季项目类似，许多残疾人原来就有雪上、冰上运动的基础，随着夏季残奥运动的兴起，他们参加冰雪运动的热情被极大地激发出来，冬季残奥运动逐渐发展起来。

20世纪70年代，各种类别的残疾人滑冰、滑雪项目比赛开始举办。1976年在瑞典恩舍尔兹维克举办的国际残疾人冬季运动会被确认为第1届冬残奥会。

2018年3月18日，平昌冬残奥会落幕，在完成国际残奥委会会旗交接仪式后，冬残奥会开始进入“北京时间”。

北京市市长陈吉宁接过残奥会会旗，冬残奥会正式开启“北京时间”

2022年，第13届冬残奥会将在中国北京和张家口举办。北京2022年冬残奥会将激励更多的残疾运动员在顽强拼搏中绽放自己的光芒，吸引更多的残疾人在冰雪世界中体验运动的快乐，鼓舞更多的残疾人融入社会，谱写生命的乐章。

二、国际残奥委会

国际残奥委会正式创立于 1989 年，是非营利性国际组织，它的全球总部设在德国波恩，其官方语言为英语。

1. 宗旨与理念

国际残奥委会是残疾人体育运动的国际性组织，负责组织、指导、协调残奥会和其他高水平残奥体育比赛，如重要的世界和地区锦标赛，将残疾人体育融入国际体育运动，同时保持其特点。与国际奥委会和其他国际体育组织交往，支持并鼓励有助于实现其目标的各种教育与康复计划和促进活动，反对残疾人体育中任何出于政治、宗教、经济、能力、性别或社会原因的歧视，扩大残疾人参与体育运动和提高成绩的机会等。

国际残奥委会格言：精神寓于运动（Spirit In Motion）。

国际残奥委会的愿景：助力残奥会运动员取得优异的体育表现，激励和鼓舞全世界。

国际残奥委会的组织目标：通过残奥会为残疾人缔造一个更具包容性的社会。

残奥运动价值观：勇气、决心、激励、平等。

2. 组织结构

国际残奥委会的最高权力机构是代表大会，每两年至少召开一次，一个会员协会可派6名代表与会，其表决票数取决于该协会残疾人组别的多少，最多为6票。6个创始组织各有6票表决权。执委会由官员（主席、两名副主席、秘书长、司库、医务官、技术官员、3名委员）、6名地区代表、1名运动员代表、6个创始组织各1名代表组成。

该组织设有运动技术部、运动科学与医学部、财务与营销委员会、运动员委员会、发展委员会、法律委员会和地区委员会。现任主席是安德鲁·帕森斯。

3. 国际残奥委会会标

在2004年9月28日雅典残奥会闭幕式上，国际残奥委主席菲利普·克雷文正式向全世界推出了国际残奥委会的新会标。新会标是由红、蓝、绿3个“扇叶”和“IPC”3个字母组成的圆形图案，凸显动感和活力。3个扇叶围绕着同一个中心点，象征着国际残奥委会把来自世界各国和地区的残疾运动员聚集在一起，为他们提供一个互相竞争的舞台。3个富有动感的扇叶组成的“车轮”图案，代表着残疾人体育事业滚滚向前，永不停止。红、蓝、绿是全世界国旗和地区旗上使用最多的三原色，象征着参加残奥会的残疾运动员分别来自不同的国家和地区，有着广泛的代表意义。

三、理解尊重残疾人，积极参与残奥会

残疾人参加体育运动是残疾人的基本权利。我国是联合国《残疾人权利公约》最早的发起和批准缔约国之一。《残疾人权利公约》规定:“缔约国确认残疾人有权在与其他人平等的基础上参与文化生活，并应当采取一切适当措施，确保残疾人享有参与文化生活、娱乐、休闲和体育活动的权利。”《中华人民共和国残疾人保障法》也规定:“国家保障残疾人享有平等参与文化生活的权利。”

1. 残疾人体育运动的特殊作用

残疾人体育运动概括起来有四个方面的作用。第一个是康复健身，第二个是突破局限和障碍，第三个是融合社会，第四个是影响和改造社会。

残疾人参加体育运动，最早是从康复治疗开始的。以康复为目的的体育活动，产生的效果不仅是康复。残疾人参与体育运动，不断突破身体的局限和障碍，可以接触到家庭和工作单位以外更广阔的天地，感受到社会的温暖，更多地融入到社会中。残疾人参与体育运动，用身体和意志证明自己参与社会生活的能力，用精神和毅力表现自己的人格尊严、突破生命局限的志气和勇气。通过举办残疾人体育盛会，展示运动员的顽强精神，能够让社会更多地了解、关心残疾人，提高社会文明水平。在全世界，残疾人参与的体育竞赛都以其不畏艰难、百折不挠、乐观进取、顽强拼搏的特征为世人瞩目，给人以启迪。

残奥会以其强烈的感染力给世界增加了宝贵的精神财富。残奥会的规模和影响力在不断扩大，这不但标志着时代的发展，而且体现了人类社会文明的进步。

2. 积极参与残奥会

积极参与支持残奥会的前提是理解尊重残疾人，了解残奥会。

公众对残奥会的了解程度在不断提高，但是还有很多人对残奥会不够了解，还需要做更多的残奥会宣传工作，让更多的人理解、关心残疾人，了解残奥会，营造支持残奥、参与残奥的社会氛围。

参与残奥会的方式是多种多样的。志愿者直接为残奥会服务。大、中、小学生观看残奥会，感受运动员自强不息、乐观进取的精神风貌。与残疾运动员互动，开展不畏艰险、热爱生命的挫折教育，也是参与残奥会的方式。各种助残活动，同样是参与残奥会的有机组成部分。

冬残奥会
发展历程

IPC

一、历届冬残奥会概况

冬残奥会 1976 年举办第 1 届，此后除 1994 年为了与冬奥会同地同年举办而与上届间隔 2 年外，都是每 4 年举办 1 次，参赛运动员包括肢体残疾运动员和视力障碍运动员。

1976 年　在瑞典恩舍尔兹维克举办的国际残疾人冬季运动会被确认为第 1 届冬残奥会。比赛设高山滑雪和越野滑雪 2 个项目，冰橇竞速和冰橇冰球作为表演项目，共有来自 16 个国家的 198 名运动员参加了比赛。

1980 年　第 2 届冬残奥会在挪威耶卢举办。本届冬残奥会大项增为 3 项，冰橇竞速成为正式比赛项目，小项从 53 项增至 63 项，这在一定程度上促进了冰上项目的发展。

1984 年　第 3 届冬残奥会在奥地利因斯布鲁克举办，来自 22 个国家和地区的 419 名运动员参加了这次比赛。本届冬残奥会小项由 63 项增至 107 项。

1988 年　第 4 届冬残奥会在奥地利因斯布鲁克举办。设高山滑雪、越野滑雪、冬季两项和冰橇竞速 4 个大项，97 个小项，其中冬季两项首次成为冬残奥会比赛项目，坐姿滑雪被引入到高山滑雪和越野滑雪项目之中。共有来自 22 个国家和地区的 377 名运动员参加了这次比赛。

1992 年　第 5 届冬残奥会在法国蒂涅和阿尔贝维尔举办。这是冬残奥会第一次与冬奥会同城举行，来自 24 个国家和地区的 365 名运动员参加了高山滑雪、越野滑雪、冬季两项 3 个大项、79 个小项的比赛。智力残疾运动员首次参加高山滑雪和越野滑雪比赛。

1994 年　第 6 届冬残奥会在挪威利勒哈默尔举办。冬残奥会的项目数量迅猛增加，共设 5 个大项，冰橇冰球首次成为比赛项目，小项增至 133 项，参赛运动员共 471 名。

1998 年　第 7 届冬残奥会在日本长野举办，这是第 1 届在欧洲以外的国家举办的冬残奥会。来自 31 个国家和地区的 562 名运动员参加了本届冬残奥会 5 个大项、122 个小项的比赛。

2002 年　第 8 届冬残奥会在美国盐湖城举办，这是第 1 次在北美洲举办冬残奥会。中国代表团第 1 次参加冬残奥会，共派 4 名运动员参加越野滑雪和高山滑雪项目的比赛。

2006 年　第 9 届冬残奥会在意大利都灵举办，共有 38 个国家和地区的 474 名运动员参加比赛。本届冬残奥会上，轮椅冰壶被列为正式比赛项目。

2010 年　第 10 届冬残奥会在加拿大温哥华举办，赛场分别设在温哥华和惠斯勒两地。本届冬残奥会有来自 44 个国家和地区的 502 名运动员，参加了高山滑雪、冬季两项、越野滑雪、冰橇冰球和轮椅冰壶 5 个大项、64 个小项的竞争。

2014 年　第 11 届冬残奥会在俄罗斯索契举办，来自 45 个国家和地区的 547 名运动员参加了高山滑雪、冬季两项、越野滑雪、轮椅冰壶和冰橇冰球 5 个大项、72 个小项的比赛。单板滑雪作为高山滑雪的一个分项首次亮相。

2018 年　第 12 届冬残奥会在韩国平昌举办。本届赛事成为历史上规模最大的一届冬残奥会，来自 49 个国家和地区的 564 名运动员参加了高山滑雪、冬季两项、越野滑雪、轮椅冰壶、残奥冰球（原名冰橇冰球）和单板滑雪 6 个大项、80 个小项的比赛。单板滑雪从高山滑雪中分离出来，成为冬残奥会正式比赛大项。中国代表团的轮椅冰壶队在本届冬残奥会上夺得了中国冬残奥会历史上的首枚金牌。

2022 年　第 13 届冬残奥会即将在中国北京和张家口举办。根据目前冬残奥会的项目设置，北京冬残奥会共设 6 个大项，其中冰上项目 2 个，分别为残奥冰球和轮椅冰壶；雪上项目 4 个，分别为残奥高山滑雪、残奥冬季两项、残奥越野滑雪和残奥单板滑雪。

历届冬残奥会概况一览表

届次	时间	地点	参赛国家/地区数	比赛项目数		参赛运动员数
				大项	小项	
1	1976 年 2 月 22—29 日	瑞典 恩舍尔兹维克	16	2	53	198
2	1980 年 2 月 2—8 日	挪威耶卢	18	3	63	350
3	1984 年 1 月 15—21 日	奥地利 因斯布鲁克	22	3	107	419
4	1988 年 1 月 18—25 日	奥地利 因斯布鲁克	22	4	97	377
5	1992 年 3 月 25 日—4 月 2 日	法国蒂涅和 阿尔贝维尔	24	3	79	365
6	1994 年 3 月 10—19 日	挪威 利勒哈默尔	31	5	133	471
7	1998 年 3 月 7—16 日	日本长野	31	5	122	562
8	2002 年 3 月 9—18 日	美国盐湖城	36	4	92	416
9	2006 年 3 月 12—21 日	意大利都灵	38	5	58	474
10	2010 年 3 月 12—21 日	加拿大温哥华	44	5	64	502
11	2014 年 3 月 7—16 日	俄罗斯索契	45	5	72	547
12	2018 年 3 月 9—18 日	韩国平昌	49	6	80	564
13	2022 年 3 月 4—13 日	中国北京		6	78	

二、冬残奥会赛事组织

2000 年，国际奥委会和国际残奥委会合作建立了奥运会和残奥会“同时申办，同城举办”的模式。冬残奥会项目由相应的国际单项体育组织管理，部分项目由同一个奥运会项目的国际单项体育组织管理。

残奥运动项目一般为适应残疾运动员身体和运动能力的特点，通过在场地、器材和规则上做出必要的修改，创造有利于残疾人平等参与体育运动的条件。除了少数特殊的夏季残奥会项目外，多数夏季残奥会项目和全部冬残奥会项目都与奥运会项目相对应。

残奥运动项目的赛事组织和服务，在运动员分级、运动假肢和辅助器具、场地器材、赛事组织、无障碍设施和服务等方面，有其自身的特点和组织运行要求。

1. 运动员分级——公平、平等、安全的比赛

由于残疾人在身体残疾和功能障碍程度上的差异，比赛中残疾程度轻、功能障碍少的运动员总是占优势。为了防止这种情况的发生，国际残奥委员会根据参赛运动员的损伤和障碍程度，划分出不同的比赛级别。按照不同的级别比赛，这样既保证了不同级别运动员比赛的相对公平，也保证了比赛的安全性，避免在运动对抗时因为能力悬殊过大带来的不安全性。

残疾运动员分级是竞赛编排、比赛的基础。只有达到各个项目规定的最低残疾标准方可参加国际残疾人体育比赛。经过分级确定运动员的级别，运动员按照级别分组参加比赛。这在某种程度上类似于将运动员按年龄、性别或体重分组。

残疾运动员的分级标准由各个国际残疾人单项体育组织制定，经国际认证的分级师对运动员进行分级。

2. 运动假肢和辅助器具

残疾运动员因为身体残疾或功能障碍，参加体育训练和比赛时，除了规定的比赛器材装备之外，有的需要佩戴运动假肢或使用轮椅等辅助器具。竞赛规则将运动假肢或辅助器具视为运动员“身体的一部分”。比如，轮椅冰壶运动员参赛时使用轮椅；在高山滑雪、单板滑雪、越野滑雪、冬季两项等项目中，下肢截肢运动员佩戴运动假肢，采用站立姿势比赛，或使用坐式滑雪器，采用坐式姿势参加比赛。

3. 场地器材和赛事组织

冬残奥会项目场地与相应的冬奥会项目相同或相似。比如，轮椅冰壶、残奥冰球比赛冰场与冬奥项目相同。高山滑雪、单板滑雪项目在赛道长度、高度落差或赛道难度方面有一定的差别。

冬残奥会项目辅助场地设施，根据运动项目和参赛运动员身体的特点，会有些必要的调整，或配备必要的辅助设施，满足运动员的参赛要求。比如残奥冰球项目，运动员更衣室到冰球场之间地面应铺设仿冰板，保证运动员在更换坐式冰橇后可以从更衣室自主滑动到场地。

视力障碍运动员参赛时有一些特殊的方面。参加高山滑雪、越野滑雪和冬季两项比赛的视力障碍运动员，有的需要在“领滑员”的语言引导下，共同参加比赛。领滑员参赛时，需穿着由赛事组委会统一发放的醒目的领滑员背心，上面标注“G”或“GUIDE”。视力障碍运动员参赛时，观众加油欢呼和体育展示进行赛事播报时，注意不要影响到视力障碍运动员，让他们听不到领滑员的引导声音。

视力障碍运动员参加冬季两项比赛时，使用具备声音信号的特殊“枪支”。

领滑员需要符合反兴奋剂管理规定并接受兴奋剂检查。

4. 无障碍设施和服务

残疾运动员生活、参赛需要良好的无障碍设施和服务环境，比如车辆、卫生间都应符合无障碍要求。参与赛事运行和服务的人员，应具备良好的技能，能与残疾人士沟通并为其提供相应的服务。

赛会期间提供专业的轮椅、假肢等维修服务，确保残疾运动员得到及时的服务。

三、近三届冬残奥会竞赛情况

1. 第 10 届冬残奥会

第10届冬残奥会于2010年3月12—21日在加拿大温哥华举行。

俄罗斯代表团以12金、16银、10铜的成绩名列本届冬残奥会奖牌榜第一名，德国代表团和东道主加拿大代表团分列奖牌榜的第二名和第三名。

中国代表团共有7名运动员参加了高山滑雪和越野滑雪2个大项、20个小项的比赛。这是中国代表团第3次参加冬残奥会。

2010 年第 10 届冬残奥会奖牌榜

序号	国家 / 地区	金牌	银牌	铜牌	总数
1	俄罗斯	12	16	10	38
2	德国	13	5	6	24
3	加拿大	10	5	4	19
4	乌克兰	5	8	6	19
5	斯洛伐克	6	2	3	11
6	美国	4	5	4	13
7	奥地利	3	4	4	11
8	日本	3	3	5	11
9	白俄罗斯	2	0	7	9
10	法国	1	4	1	6
11	意大利	1	3	3	7
12	挪威	1	3	2	6
13	西班牙	1	2	0	3
	瑞士	1	2	0	3
15	新西兰	1	0	0	1
16	澳大利亚	0	1	3	4
17	芬兰	0	1	1	2
18	韩国	0	1	0	1
19	瑞典	0	0	2	2
20	捷克	0	0	1	1
	波兰	0	0	1	1
合计		64	65*	63	192

注：* 高山滑雪项目产生并列银牌，故银牌总数为 65 枚。

2. 第 11 届冬残奥会

第11届冬残奥会于2014年3月7—16日在俄罗斯索契举行。

东道主俄罗斯代表团以30金、28银、22铜的成绩，雄居奖牌榜首位，德国代表团和加拿大代表团分列奖牌榜第二名和第三名。

中国代表团共有12名运动员参加了轮椅冰壶和越野滑雪2个大项、5个小项的比赛。这是中国代表团第4次参加冬残奥会。首次出征冬残奥会的中国轮椅冰壶队获得第四名，创造了历届冬残奥会的最好成绩。

2014 年第 11 届冬残奥会奖牌榜

序号	国家 / 地区	金牌	银牌	铜牌	总数
1	俄罗斯	30	28	22	80
2	德国	9	5	1	15
3	加拿大	7	2	7	16
4	乌克兰	5	9	11	25
5	法国	5	3	4	12
6	斯洛伐克	3	2	2	7
7	日本	3	1	2	6
8	美国	2	7	9	18
9	奥地利	2	5	4	11
10	英国	1	3	2	6
11	挪威	1	2	1	4
11	瑞典	1	2	1	4
13	西班牙	1	1	1	3
14	荷兰	1	0	0	1
14	瑞士	1	0	0	1
16	芬兰	0	1	0	1
16	新西兰	0	1	0	1
18	白俄罗斯	0	0	3	3
19	澳大利亚	0	0	2	2
合计		72	72	72	216

3. 第 12 届冬残奥会

第12届冬残奥会于2018年3月9—18日在韩国平昌举行。

中国代表团共有26名运动员参加了平昌冬残奥会，涉及高山滑雪、冬季两项、越野滑雪、单板滑雪和轮椅冰壶5个大项、30个小项。这是中国代表团第5次参加冬残奥会，参赛规模和成绩较往届有了较大提升。其中，第2次参加冬残奥会的轮椅冰壶队顽强拼搏，站上了最高领奖台，为中国代表团实现了金牌“零”的突破，这也是中国代表团在历届冬残奥会上夺得的首枚奖牌！

2018 年第 12 届冬残奥会奖牌榜

序号	国家 / 地区	金牌	银牌	铜牌	总数
1	美国	13	15	8	36
2	俄罗斯奥林匹克运动员	8	10	6	24
3	加拿大	8	4	16	28
4	法国	7	8	5	20
5	德国	7	8	4	19
6	乌克兰	7	7	8	22
7	斯洛伐克	6	4	1	11
8	白俄罗斯	4	4	4	12
9	日本	3	4	3	10
10	荷兰	3	3	1	7
11	瑞士	3	0	0	3
12	意大利	2	2	1	5
13	英国	1	4	2	7
14	挪威	1	3	4	8
15	澳大利亚	1	0	3	4
16	芬兰	1	0	2	3
17	韩国	1	0	2	3
	新西兰	1	0	2	3
19	克罗地亚	1	0	1	2
20	中国	1	0	0	1
	哈萨克斯坦	1	0	0	1

续表

序号	国家 / 地区	金牌	银牌	铜牌	总数
22	奥地利	0	2	5	7
23	西班牙	0	1	1	2
24	瑞典	0	1	0	1
25	比利时	0	0	1	1
	波兰	0	0	1	1
合计		80	80	81*	241

注：* 越野滑雪项目产生并列铜牌，故铜牌总数为 81 枚。

四、北京 2022 年冬残奥会筹办概况

1. 北京冬残奥会筹办理念

中国一直致力于推动残疾人事业和残奥运动的发展，有能力、有信心按照冬奥会同等的专业水平，举办一届精彩、非凡、卓越的冬残奥会。中国现有8500万残疾人，北京2008年残奥会大大促进了中国残疾人事业和残奥运动的发展。举办冬残奥会，将激励更多的残疾运动员在顽强拼搏中绽放自信的光芒，吸引更多的残疾人在冰雪世界中体验运动的快乐，鼓舞更多的残疾人融入社会，谱写生命的华章。

北京冬残奥会筹办将充分关注比赛特点和运行需求，有机整合冬残奥会和冬奥会的筹办工作，展现残疾人冬季运动项目的独特魅力，营造运动员勇攀竞技高峰的氛围；在拥有超过14亿人口的中国，广泛传播“精神寓干运动”的理念，并进一步促进冬季残奥和夏季残奥运动在中国、亚洲乃至世界的均衡发展；在全社会大力弘扬人道主义精神，宣传普及残健融合理念，引导社会各界更加关注、了解、尊重残疾人群体，激发更多的残疾人参与体育活动，以更加丰富的方式实现自我、融入社会，实现残健和谐发展。

2. 北京冬残奥会竞赛场馆布局

北京冬残奥会比赛使用冬奥会比赛场馆，场馆分布在北京市和河北省张家口市，场馆设施经过必要调整，可以满足冬残奥会的比赛要求。

北京冬残奥会竞赛场馆布局一览表

竞赛项目	竞赛场馆	地点
残奥冰球	国家体育馆	北京奥林匹克公园
轮椅冰壶	国家游泳中心	北京奥林匹克公园
高山滑雪	国家高山滑雪中心	延庆小海坨
越野滑雪	国家冬季两项中心	张家口崇礼
冬季两项	国家冬季两项中心	张家口崇礼
单板滑雪	云顶滑雪公园	张家口崇礼

3. 北京冬残奥会遗产

更加广泛的冬季体育活动人群。以举办冬残奥会为契机，同步实施“冬残奥会项目振兴计划”。到2033年，中国将有10万名为残疾人服务的体育健身指导员，拥有10万个无障碍体育健身基础设施，拓展冬残奥会项目，提升冬残奥运动项目的参与率，实现冬残奥运动最大限度的普及。

更为专业的冬残奥人才队伍。举办冬残奥会，将大力推动冬残奥各项目运动员的数量增长和技术水平的提升。同时，赛事筹备也将培养更专业的服务队伍，为国际残奥运动提供技术支持。

可持续利用的体育场馆。部分场馆在赛后将成为冬季残疾人体育项目训练和比赛场所，并长期为中国乃至世界的残疾人提供冬季体育锻炼和体育娱乐服务。

便利的无障碍基础环境。中国将推动残疾人社会生活便利化的无障碍环境建设，将平等、融合、共享的理念体现在实际应用层面。

充满志愿精神的美好社会。举办冬残奥会是加速实施残疾人事业发展的新举措，使广大残疾人实实在在地受益。将有更多具有志愿精神和助残技能的人员服务赛事，对残疾人的尊重、平等对待将成为公众的自觉意识和行为。

残奥高山滑雪

PARA ALPINE SKIING

高山滑雪又称阿尔卑斯滑雪，运动员从覆雪的高山上向下绕旗门滑行，是一项将速度与技巧结合在一起的运动。该项目具有很强的观赏性，深受广大滑雪爱好者和观众的喜爱。残奥高山滑雪是冬残奥会产生金牌最多的项目。

一 历史与发展

1. 项目起源

19 世纪中叶

高山滑雪兴起于欧洲中部阿尔卑斯山脉高山地带，又称阿尔卑斯滑雪。

20 世纪 40 年代

高山滑雪运动自 20 世纪 40 年代末就在欧洲一些多山雪地开展。当时许多在战争中致残的德国和奥地利老兵热衷于滑雪，他们自发研制特殊滑雪装备，并积极组织参与比赛。1948 年最早的较大规模的残疾人滑雪赛在德国举行。

1976 年

高山滑雪在第 1 届冬残奥会上首次亮相。起初，由于器材装备的限制，这一运动只开展了站姿和视障级别的项目。坐式滑雪器研制成功，为那些不能站立的滑雪爱好者开启了滑雪大门。坐式滑雪器是将一个座位固定在单一的雪板上形成的器材，使用单支滑雪板滑雪时，为了便于平衡和转向，需要配备专用短支架。

2. 冬残奥历程

1976 年 回转和大回转在第 1 届冬残奥会被列入比赛项目。

1984 年 滑降在第 3 届冬残奥会上被列入比赛项目。坐姿滑雪作为表演项目出现在冬残奥会上。

1994 年 超级大回转在第 6 届冬残奥会上被列入比赛项目。

1998 年 在第 7 届冬残奥会上，坐姿滑雪被正式列入比赛项目。

2010 年 在第 10 届冬残奥会上，高山滑雪共设置男女各 5 个比赛项目，每个项目分成视力障碍、坐姿和站姿 3 组，一共有 30 个比赛小项。金牌数几乎占到该届冬残奥会金牌总数（64 枚）的一半。

2014 年 单板滑雪作为高山滑雪的一个分项首次在第 11 届冬残奥会亮相。

2018 年 在第 12 届冬残奥会上，单板滑雪从高山滑雪中分离出来，成为冬残奥会正式比赛大项。高山滑雪仍保持 5 个小项。

3. 在中国的发展

2002 年 在第 8 届冬残奥会上，我国首次参加了高山滑雪项目。

2016 年 成立残奥高山滑雪国家集训队。

2018 年 我国运动员在平昌冬残奥会上，参加了回转、大回转项目，分获第六名和第九名。

2019 年 我国运动员参加斯洛文尼亚残奥高山滑雪世锦赛，6 名运动员在回转、大回转项目上共获得 9 个参赛资格和 3 张外卡。

二 竞赛与分级

1. 主要国际赛事

高山滑雪赛事分为6个赛事级别，分别为：

0级：冬残奥会、世界残奥高山滑雪世锦赛、世界残奥高山滑雪世界杯。

1级：世界残奥欧洲杯、世界残奥北美洲杯。

2级：世界残奥洲际杯（南美洲杯、亚洲杯、南半球杯）。

3级：世界残奥国家锦标赛。

4级：世界残奥比赛（个人和团体赛）。

5级：世界残奥青年赛。

通常0级赛事有积分要求，每年要求均不相同，运动员达到积分要求，方可参赛。世界残奥欧洲杯也会有积分限制，但会根据比赛参加人数由国际残奥委会确定。

2. 运动员分级

（1）分级和级别

和其他残疾人比赛一样，高山滑雪设有分级环节，每一个分项根据运动员残疾类别，又分为站姿、坐姿和视力障碍3大组别。

站姿组别共7个级别，LW1、LW2、LW3、LW4为下肢体残疾，LW5/7、LW6/8为上肢体残疾，LW9为复合肢体残疾。站姿运动员可根据其身体状况采用两个或单个雪板，使用两个、单个雪杖或不使用雪杖或使用站姿助滑器进行比赛。

坐姿组别包括LW10、LW11、LW12共3个级别。坐姿运动员一般采用坐式滑雪器和坐姿助滑器进行比赛。

视力障碍组别分为3个级别：B1、B2、B3。B1为全盲，B2和B3则有不同程度的光感。但所有视力障碍的运动员都须配备领滑员，B1级别的运动员在比赛中须佩戴眼罩。

每个组别中，数字越小，则表示残疾程度越重。

（2）分级评定

分级评定办法主要根据国际残奥委会最新分级规则进行。评定细节列表如下：

站姿组别主要残疾状态描述

级别	描述
LW 1	双侧膝关节以上截肢，中度或重度脑瘫，或类似症状
LW 2	单侧膝关节以上截肢
LW 3	双侧膝关节以下截肢，轻度脑瘫，或类似症状
LW 4	单侧膝关节以下截肢
LW 5/7-1	双侧上肢肘关节以上截肢

续表

级别	描述
LW 5/7-2	双侧上肢截肢，其中一侧肘关节以上，另一侧肘关节以下
LW 5/7-3	双侧上肢肘关节以下截肢
LW 6/8-1	单侧上肢肘关节以上截肢
LW 6/8-2	单侧上肢肘关节以下截肢
LW 9-1	单侧上肢截肢并单侧下肢膝盖以上截肢，或相似残疾
LW 9 2	单侧上肢截肢并单侧下肢膝盖以下截肢，或相似残疾

坐姿组别主要残疾状态描述

级别	描述
LW 10-1	截瘫，无上腹肌功能，无坐位平衡
LW 10-2	截瘫，上腹肌有部分功能，无坐位平衡
LW 11	截瘫，坐位平衡尚可
LW 12-1	截瘫，有部分腿部功能，坐位平衡较好
LW 12-2	双侧膝盖以上截肢

视力障碍组别主要残疾状态描述

级别	描述	是否戴眼罩
B1	全盲	是
B2	视觉灵敏度小于 2/60	否
B3	视觉灵敏度在 2/60 到 6/60 之间	否

（3）运动员分级申请

截肢运动员可选择以站姿或坐姿进行比赛，如重新选择比赛组别，需要重新提出申请。如因运动员自身残疾程度变化而需要重新分级，需要再次提出分级申请。

三 设项与成绩

1. 冬残奥会项目设项

冬残奥会高山滑雪设有5个分项，分别是回转、大回转、超级大回转、超级全能和滑降。其中滑降和超级大回转属于速度类项目，大回转和回转属于技巧类项目，超级全能为滑降或超级大回转中的一项与回转的综合比赛。每个分项都设立站姿、坐姿和视力障碍3种组别。男子和女子项目设置相同，男女项目共计30个小项。

高山滑雪设项一览表

	比赛分项	组别
男子项目	回转	站姿、坐姿和视力障碍
	大回转	站姿、坐姿和视力障碍
	超级大回转	站姿、坐姿和视力障碍
	超级全能	站姿、坐姿和视力障碍
	滑降	站姿、坐姿和视力障碍
女子项目	回转	站姿、坐姿和视力障碍
	大回转	站姿、坐姿和视力障碍
	超级大回转	站姿、坐姿和视力障碍
	超级全能	站姿、坐姿和视力障碍
	滑降	站姿、坐姿和视力障碍

高山滑雪5个分项比赛都是按照既定路线滑行的，用时少者排名在前。每个分项对赛道的设置要求不同，区别主要体现在起、终点的垂直高差和旗门数量与设置。

运动员可根据自身残疾类别，参加站姿、坐姿和视力障碍3种组别的比赛。

2. 奖牌榜

历届冬残奥会高山滑雪比赛奖牌榜

序号	国家	金牌	银牌	铜牌	总数
1	美国	91	96	70	257
2	奥地利	90	88	91	269
3	德国	56	39	36	131
4	瑞士	45	39	24	108
5	法国	39	41	34	114
6	加拿大	26	37	46	109
7	联邦德国	25	20	22	67
8	新西兰	16	6	9	31
9	斯洛伐克	15	18	18	51
10	西班牙	15	14	10	39
11	澳大利亚	11	6	15	32
12	意大利	10	17	21	48
13	瑞典	10	12	9	31
14	日本	8	14	19	41

续表

序号	国家	金牌	银牌	铜牌	总数
15	俄罗斯	8	6	7	21
16	挪威	7	4	3	14
17	捷克	5	5	5	15
18	捷克斯洛伐克	3	4	1	8
19	英国	2	8	12	22
20	荷兰	2	1	0	3
21	中立残奥运动员代表团	1	1	2	4
22	克罗地亚	1	0	0	1
23	丹麦	0	1	0	1
	韩国	0	1	0	1
25	波兰	0	0	8	8
26	比利时	0	0	2	2
27	列支敦士登	0	0	1	1
	南斯拉夫	0	0	1	1
合计		486	478	466	1430

☆ 欧美国家在高山滑雪项目上占有绝对优势。
☆ 欧洲阿尔卑斯山周边国家（奥地利、德国、瑞士等）在地域上呈现传统优势。

2010年第10届冬残奥会高山滑雪比赛奖牌榜

项目	金牌	银牌	铜牌
男子回转视力障碍	斯洛伐克	西班牙	意大利
男子回转站姿	新西兰	德国	澳大利亚
男子回转坐姿	德国	加拿大	奥地利
男子大回转视力障碍	斯洛伐克	西班牙	意大利
男子大回转站姿	德国	奥地利	法国
男子大回转坐姿	德国	瑞士	日本
男子超级大回转视力障碍	法国	斯洛伐克	斯洛伐克
男子超级大回转站姿	德国	法国	奥地利
男子超级大回转坐姿	日本	德国	日本
男子超级全能视力障碍	斯洛伐克	意大利	斯洛伐克
男子超级全能站姿	德国	法国	澳大利亚
男子超级全能坐姿	德国	奥地利	奥地利
男子滑降视力障碍	西班牙	美国	德国
男子滑降站姿	德国	瑞士 澳大利亚	
男子滑降坐姿	瑞士	日本	日本
女子回转视力障碍	奥地利	加拿大	澳大利亚
女子回转站姿	加拿大	德国	加拿大
女子回转坐姿	奥地利	美国	日本
女子大回转视力障碍	斯洛伐克	奥地利	加拿大
女子大回转站姿	加拿大	德国	斯洛伐克

续表

项目	金牌	银牌	铜牌
女子大回转坐姿	美国	美国	日本
女子超级回转视力障碍	斯洛伐克	加拿大	捷克
女子超级回转站姿	加拿大	意大利	德国
女子超级回转坐姿	奥地利	美国	德国
女子超级全能视力障碍	斯洛伐克	加拿大	美国
女子超级全能站姿	加拿大	法国	加拿大
女子超级全能坐姿	美国	奥地利	美国
女子滑降视力障碍	加拿大	斯洛伐克	美国
女子滑降站姿	加拿大	法国	德国
女子滑降坐姿	美国	美国	奥地利

2014 年第 11 届冬残奥会高山滑雪比赛奖牌榜

项目	金牌	银牌	铜牌
男子回转视力障碍	俄罗斯	西班牙	加拿大
男子回转站姿	俄罗斯	法国	俄罗斯
男子回转坐姿	日本	奥地利	奥地利
男子大回转视力障碍	加拿大	斯洛伐克	俄罗斯
男子大回转站姿	法国	俄罗斯	奥地利
男子大回转坐姿	瑞士	新西兰	奥地利
男子超级大回转视力障碍	斯洛伐克	美国	加拿大
男子超级大回转站姿	奥地利	奥地利	俄罗斯
男子超级大回转坐姿	日本	日本	加拿大

续表

项目	金牌	银牌	铜牌
男子超级全能视力障碍	俄罗斯	美国	西班牙
男子超级全能站姿	俄罗斯	奥地利	澳大利亚
男子超级全能坐姿	加拿大	美国	奥地利
男子滑降视力障碍	西班牙	斯洛伐克	加拿大
男子滑降站姿	奥地利	俄罗斯	法国
男子滑降坐姿	日本	加拿大	日本
男子残疾人单板滑雪站姿 *	美国	美国	美国
女子回转视力障碍	俄罗斯	英国	斯洛伐克
女子回转站姿	德国	俄罗斯	斯洛伐克
女了回转坐姿	德国	德国	加拿大
女子大回转视力障碍	斯洛伐克	俄罗斯	澳大利亚
女子大回转站姿	法国	德国	法国
女子大回转坐姿	德国	奥地利	德国
女子超级大回转视力障碍	英国	俄罗斯	英国
女子超级大回转站姿	法国	法国	美国
女子超级大回转坐姿	德国	奥地利	美国
女子超级全能视力障碍	俄罗斯	英国	美国
女子超级全能站姿	法国	德国	美国
女子超级全能坐姿	德国	德国	
女子滑降视力障碍	斯洛伐克	英国	俄罗斯
女子滑降站姿	法国	俄罗斯	美国
女子滑降坐姿	德国	美国	美国
女子残疾人单板滑雪站姿 *	荷兰	法国	美国

注：* 在 2014 年冬残奥会上，单板滑雪首次出现并被列为高山滑雪的一个分项；在 2018 年冬残奥会上，单板滑雪被列为单独的雪上大项。

2018 年第 12 届冬残奥会高山滑雪比赛奖牌榜

项目	金牌	银牌	铜牌
男子回转视力障碍	意大利	斯洛伐克	中立残奥运动员代表团
男子回转站姿	新西兰	法国	美国
男子回转坐姿	克罗地亚	美国	法国
男子大回转视力障碍	意大利	斯洛伐克	加拿大
男子大回转站姿	瑞士	中立残奥运动员代表团	加拿大
男子大回转坐姿	挪威	美国	波兰
男子超级大回转视力障碍	斯洛伐克	意大利	斯洛伐克
男子超级大回转站姿	瑞士	法国	奥地利
男子超级大回转坐姿	加拿大	美国	法国
男子超级全能视力障碍	斯洛伐克	西班牙	中立残奥运动员代表团
男子超级全能站姿	中立残奥运动员代表团	法国	新西兰
男子超级全能坐姿	荷兰	法国	挪威
男子滑降视力障碍	加拿大	斯洛伐克	意大利
男子滑降站姿	瑞士	法国	奥地利
男子滑降坐姿	美国	日本	新西兰
女子回转视力障碍	英国	斯洛伐克	英国
女子回转站姿	法国	加拿大	德国
女子回转坐姿	德国	日本	奥地利
女子大回转视力障碍	斯洛伐克	英国	澳大利亚

续表

项目	金牌	银牌	铜牌
女子大回转站姿	法国	德国	加拿大
女子大回转坐姿	日本	荷兰	奥地利
女子超级大回转视力障碍	斯洛伐克	英国	英国
女子超级大回转站姿	法国	德国	加拿大
女子超级大回转坐姿	德国	奥地利	日本
女子超级全能视力障碍	斯洛伐克	英国	澳大利亚
女子超级全能站姿	加拿大	德国	加拿大
女子超级全能坐姿	德国	德国	日本
女子滑降视力障碍	斯洛伐克	英国	德国
女子滑降站姿	法国	德国	加拿大
女子滑降坐姿	德国	日本	美国

四 场地与装备

1. 场地

分项		冬残奥会 / 世界残奥高山滑雪世锦赛 / 世界残奥高山滑雪世界杯	世界残奥洲际杯	世界残奥比赛 / 世界残奥国家锦标赛	世界残奥青年赛
回转	落差	140~220 米	120~200 米	80~140 米 3 次滑行：最少 50 米	80~120 米 3 次滑行：最少 50 米
	方向变化	落差的 28%~35% 或方向变化 ±3			
	旗门杆	27 毫米			
大回转	落差	300~400 米	250~400 米	200~300 米	200~250 米
	方向变化	方向变化次数的 10%~15%			13%~15%
	旗	75 厘米 ×50 厘米，红蓝交替设置			
超级大回转	落差	400~600 米	350~600 米	300~500 米	250~450 米
	旗门数 / 方向变化	最少为方向变化次数的 6%			8%~12%
	旗	75 厘米 ×50 厘米，红蓝交替设置			
滑降	落差	450~800 米	400~800 米	一次滑行：400~500 米； 两次滑行：300~400 米	
	旗门数	按需要			
	旗	75 厘米 ×50 厘米，红蓝交替设置			

★回转

回转比赛是技术型比赛，其线路比其他比赛更短，但旗门很多，运动员须成功绕过旗门，如果运动员错过了一个门将会被取消资格。一个回转旗门包含2根旗门杆，如果没有外侧杆，旗门将由1根绕行杆组成。连续门须红蓝交替。旗门最小宽度5.5米，最大6.5米。2个旗门之间的距离不得小于6米，不得大于13米（适用于所有级别的比赛）。世界残奥青年赛的2个旗门间距在7~11米。

★大回转

大回转比赛是技术型比赛，其线路比回转比赛更长，旗门更少。旗门数量是由线路的落差决定的。如果运动员错过了一个旗门将会被取消资格。一个大回转旗门由4根旗门杆和2面旗门布组成。旗门颜色应红蓝色交替设置。旗门布约宽75厘米、高50厘米。旗门布应系在两旗门杆之间，其底边应至少在雪面1米以上，并能被撕开或从旗门杆上脱离。旗门宽度最小4米，最大8米。相邻的两个旗门杆之间的最小距离须不少于10米。在世界残奥青年赛中，两个相邻绕行杆的间距须不大于27米。

★超级大回转

超级大回转是速度型比赛，运动员在一次滑行中的成绩将决定他们的最终顺序。超级大回转比赛线路通常比滑降短，但比回转和大回转长。超级大回转的旗门由4根旗门杆和2面旗门布组成。旗门颜色应红蓝色交替设置。旗门布约宽75厘米，高50厘米。旗门布应系在两旗门杆之间，其底边应至少在雪面1米以上，并能被撕开或从旗门杆上脱离。旗门宽最小6米，最大8米，垂直旗门宽度最小8米，最大12米。

★超级全能

超级全能赛是将滑降或超级大回转中的一项与回转综合的比赛，使用相应场地。

★滑降

滑降赛的特征体现在6个方面，即技术、勇气、速度、冒险、身体状况和判断力。运动员根据自己的滑行技术水平和对自我能力负责任的判断，来调整滑行速度和动作。运动员需要经过一条较长且陡峭的雪道，同时须通过一定数量的旗门。若漏掉任何一个旗门将被取消资格。一个滑降旗门由4根旗门杆和2面旗门布组成。旗门布应用宽约75厘米、高50厘米的长方形布料制成。旗门布应系在旗门杆上，能使运动员尽可能容易地辨认出。红色布可用发光橙代替。在赛事中，如果安全网的颜色与旗门的颜色（通常为蓝色或红色）一致，使得某些区域的旗门与安全网的背景不易区分，则那些旗门就应使用另外一种颜色。旗门宽须至少为8米。

2. 服装与器材

（1）服装

高山滑雪着装有“一大三小”共4件，竞赛滑雪服为“大件”，滑雪手套、滑雪帽（或头盔）、滑雪镜为“三小件”。滑雪服以连体式为主，根据不同项目设计，具有轻便、安全、空气阻力小的特点。视力障碍组别对领滑员及运动员还有特殊服装要求（即领滑员须穿着有特殊标识的服装）。

（2）比赛器材装备

视力障碍运动员滑雪时由使用对讲无线电装置或扬声器的领滑员引导。单腿运动员使用单只雪板加站姿助滑器，坐姿运动员则使用坐式滑雪器和坐姿助滑器。膝盖以下截肢的运动员可穿戴假肢，以同健全人一样的方式参加滑雪比赛。

★雪板介绍

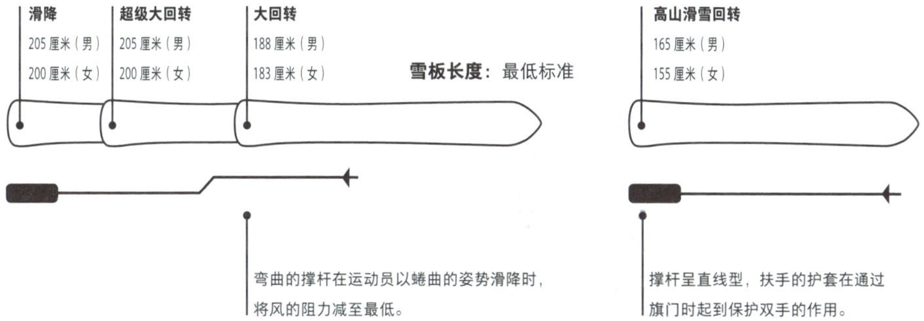
滑降
205 厘米（男）
200 厘米（女）
超级大回转
205 厘米（男）
200 厘米（女）
大回转
188 厘米（男）
183 厘米（女）
雪板长度：最低标准
高山滑雪回转
165 厘米（男）
155 厘米（女）
弯曲的撑杆在运动员以蜷曲的姿势滑降时，将风的阻力减至最低。
撑杆呈直线型，扶手的护套在通过旗门时起到保护双手的作用。

★特殊器材

坐姿助滑器
坐式滑雪器

滑雪帽（头盔）
滑雪镜
滑雪手套
滑雪服
站姿助滑器
雪板

领滑员特殊标识服装
视力障碍运动员
SAMSUNG
PyeongChang 2018
G
LEKI

弹簧杆旗门

四角旗门
（旗门杆＋旗门布）

项目

- 技巧类
  - **回转**
  - **大回转**
- 速度类
  - **超级大回转**
  - **滑降**

五 赛制与规则

1. 基本赛制

★回转

回转比赛每名运动员须在同一天内以不同的线路完成2次滑行，2次滑行的时间加在一起，根据总时间决定最终排名顺序。

★大回转

大回转比赛每名运动员在同一天在不同的线路完成2次滑行，2次滑行的时间加在一起，根据总时间决定最终排名顺序。

★超级大回转

超级大回转只需要完成1次滑行。线路长度应由尺子、盘尺或GPS（全球定位系统）等工具测量出，并须在出发顺序表和成绩公告上公布。

★超级全能

超级全能可选择滑降或者超级大回转项目中的1个项目，以及1次回转项目进行比赛，2个小项比赛成绩合计决定成绩排名。

★滑降

滑降可进行1次或2次滑行，如进行2次滑行，比赛结果须是2次滑降成绩之和。

2. 主要规则

①比赛过程中，坐姿组、站姿组和视力障碍组采用同样的滑行路线，一般比赛滑行顺序为视力障碍组、站姿组、坐姿组。

②每个残疾类别中，不同级别运动员滑行时间需乘以相应系数，得出最后成绩，排定名次。

③视力障碍运动员在比赛时须由领滑员为他们指引路线。领滑员在运动员前方的位置，以声音为信号引导。在比赛过程中，领滑员与运动员不得有任何身体接触，否则将被取消资格。领滑员类似夏季残奥会田径项目中的领跑员和自行车项目的领骑员。

④如对计时有异议，可在公布非正式成绩单后15分钟内向仲裁委员会提出申请。

3. 国际赛事管理与监管

①所有在世界残奥高山滑雪赛历上的比赛，必须与国际残奥委会手册和世界残奥高山滑雪竞赛规则保持一致。

②参赛和各国组织的认证：在世界残奥高山滑雪赛历上显示的比赛，只能由国家（地区）残奥委会授权代表参赛，参赛选手必须为注册的运动员。世界残奥高山滑雪委员会规定，每个国家只有一个残奥委会代表组织注册运动员参赛。

③判罚：任何一项制裁和处罚都由世界残奥高山滑雪委员会和国家（地区）残奥委会认可，均出于对运动员、官员、教练员或者协会的尊重。

④技术检查：所有在世界残奥高山滑雪赛历上的比赛都必须由以下人员监管：

——世界残奥高山滑雪委员会/国际雪联（FIS）指定的技术代表。

——世界杯和世锦赛须由世界残奥高山滑雪委员会指定的赛事主管监管。

六　观赛与礼仪

1. 观赛指南

①高山滑雪是在世界范围内开展较为广泛的竞速类项目，残疾运动员要在保证正确通过旗门的前提下，追求以最短的时间完成比赛。因此，滑行速度和滑行线路的控制成为比赛制胜的关键。

②大回转项目和回转项目要通过2轮比赛确定名次，超级大回转和滑降是根据1次滑行的成绩决定胜负。观众在观看前两种比赛时可以根据运动员第1轮成绩，间接把握决赛的出发顺序，关注自己关心的运动员。对于仅有1轮滑行的比赛，观众应留意赛场屏幕和广播播报，及时了解运动员信息，更好地欣赏比赛。

③比赛中运动员在转弯过程中将身体重心移向转弯内侧，双脚贴近旗门杆，完成滑行转弯。由于身体的内倾，导致身体的某个部位与旗门接触，因此出现了撞门动作。回转比赛的反手打门、大回转比赛的撞击旗门，都是运动员为了获得最短滑行距离而采用的技术动作。

④高山滑雪比赛下坡时速度快、弯道多，转弯技术起到了决定性的作用，转弯过程中滑雪板与雪面的摩擦力大小决定滑行的减速幅度。若雪板出现大面积的扫雪动作，其滑行速度会显著降低。因此，在欣赏比赛时，观众可以通过观察运动员每次转弯的滑行减速情况判断运动员的滑行技术和最终成绩。

⑤冬残奥会高山滑雪依据运动员的残疾类别和残疾程度进行划分，主要分为肢体残疾类和视力障碍类，肢体残疾类又因残疾程度不同分为站姿组和坐姿组。

⑥由于场地线路长、落差大、速度快，观赏高山滑雪比赛尤其要注意安全，观众必须在指定的观赛区观赛，在比赛过程中可以通过大屏幕观看全部比赛，决不能自行跨过隔离带或防护网。

⑦在比赛开赛前须提前进入观众席就座，观赛时不允许有意打扰运动员比赛。

⑧高山滑雪场地在山区，观众须在户外观赛，场地通常气温较低、紫外线较强，观众请穿保暖透气的服装及鞋子，配备合适的滑雪镜或太阳镜，备好脸部防晒霜及护脸等物品。此外由于比赛持续天数较长，应在饮食等方面做好充足准备，妥善安排行程。

2. 观赛礼仪

①高山滑雪运动员通过较大的落差来产生速度，需根据不同的赛道高低坡的曲折运动掌控好自身的平衡，当观众看到只能用一条腿踏在雪板上而且仅能用一只手驾驭着手杖的肢体残缺运动员飞驰而过时，一定会为他们克服生命局限的勇气所感染，也一定会对他们克服这样的大落差、在高速度中控制自己身体平衡的能力所激励。而观众表达这种情感的最好方式就是为他们鼓掌和欢呼。

②视力障碍运动员在比赛中有领滑员引导，领滑员使用的器材主要是声控装置，这种装置使用时需要相对安静的氛围，因此，观赛的时候，观众不要大声喧哗，以免影响运动员信息的正常传递，影响比赛的成绩。

③肢体残疾运动员根据残疾程度分站姿比赛和坐姿比赛，每个运动员在赛前都进行了分级：双臂肘以上截肢的运动员为LW5/7-1级；单臂肘以上截肢的运动员为LW6/8-1级。在比赛时，前者无法使用手杖，完全依靠腿来控制下落的速度和滑行线路；后者可以有一侧使用手杖，以掌控平衡。为了使比赛相对公平公正，每个人的分级级别都有相应的系数，运动员的比赛成绩需要通过系数运算，才能得出最后结果。于是，我们在看比赛时，经常会看到残疾程度比较重的运动员成绩并不一定靠前，名次却可能靠前，这是由于综合了残疾程度而经系数换算后得出的结果，观众切不可为此“鸣不平”，如有不明白的地方不妨好好了解一下比赛规则。

④在冬残奥会高山滑雪的颁奖仪式上，残疾运动员会按照规则要求，脱去滑雪板、滑雪杖、滑雪靴、头盔、滑雪镜等装备，这样或许更容易暴露出他们身体的残缺，这时观众应该表现出尊重，为每一个登台领奖的残疾运动员热烈鼓掌。

⑤只要运动员有精彩的表现，请发自内心地为他们喝彩，观众起立鼓掌对运动员来说是极大的鼓励！当运动员失误后再继续参加比赛时，观众的掌声是最好的支持。

⑥当运动员在“等分区”等待分数时向观众做表情或打招呼时，请给予回应，对现场慢放录像中的精彩动作请给予掌声。

七 助残与服务

①高山滑雪比赛的起点与终点场地要有足够的平坦雪面，在雪面上要铺设防滑地毯。

②在缆车等雪场上行设施中要有足够的志愿者帮助，注意运动员上、下缆车的安全，缆车站也需要有尽可能大的区域进行穿、脱雪板，同时铺设的雪道应便于运动员穿着雪板上、下缆车。

③在比赛区域要有足够的工作人员帮助视力障碍组运动员进行比赛，特别是在起、终点区域要有引领人员。

④在观众席应设置无障碍通道及轮椅座席区。

121
MEGAFON
MEGAFON

残奥冬季两项

PARA BIATHLON

冬季两项是由越野滑雪和射击两种特点不同的运动相结合的竞赛项目，运动员每滑行一段距离进行一次射击，最先到达终点用时最短者获胜。该项目要求运动员既要有由动转静的能力，又要有由静转动的能力。冬季两项对残疾运动员有一定的挑战。

一 历史与发展

1. 项目起源

公元前 冬季两项起源于斯堪的纳维亚半岛的挪威等地，与人们的冬季狩猎活动有关，由远古时代的滑雪狩猎演变而来。在挪威、荷兰和瑞典等北欧国家约 4000 多年前的石制雕刻品中，就刻有两人足蹬雪板、手持棍棒在雪地里追捕动物的情景。

1767 年 中世纪挪威边防军滑雪巡逻队举行了滑雪射击比赛，据记载，这是世界上最早的冬季两项比赛。

1955 年 冬季两项概念被首次提出。次年，冬季两项规则正式制定。

20 世纪 80 年代 一些喜爱越野滑雪的受伤军人、运动员和其他残疾人开始尝试冬季两项运动，从而推动残疾人冬季两项运动的发展。

2. 冬残奥历程

1988 年 冬季两项在第 4 届冬残奥会上被列为比赛项目，当时只有肢体残疾的运动员参加。

1992 年 从第 5 届冬残奥会起，视力障碍的运动员也开始参赛。

冬残奥会冬季两项发展情况

年份	国家 / 地区	设项	男运动员	女运动员	运动员总数
1988	8	3	36	0	36
1992	12	4	45	0	45
1994	20	10	99	27	126
1998	19	12	77	31	108
2002	17	6	78	26	104
2006	20	12	58	32	90
2010	18	12	61	34	95
2014	15	18	58	32	90
2018	18	18	65	44	109

3. 在中国的发展

2017 年　我国派出 5 名运动员参加了于当年 12 月在加拿大坎莫尔举行的残疾人北欧滑雪世界杯赛，这是我国残疾运动员首次参加冬季两项国际赛事。比赛中，褚贝贝和南雨雨 2 名女运动员，为我国赢得 2 张平昌冬残奥会的冬季两项入场券。

2018 年　2 月在芬兰举行的残疾人北欧滑雪世界杯比赛中，男运动员吴君宝、杜明远和高晓明，为我国赢得 3 张平昌冬残奥会的冬季两项入场券。

在平昌冬残奥会上，我国选手褚贝贝在女子坐姿组 6 公里比赛中获得第八名，吴君宝在男子站姿组 7.5 公里比赛中获得第八名。

二 竞赛与分级

1. 主要国际赛事

冬季两项与越野滑雪结合在一起比赛，统称为北欧滑雪。重要的国际赛事有洲际杯、世界杯、世锦赛、冬残奥会。

洲际杯：每个赛季都会举办，如亚洲杯、北美洲际杯等，一般为公开性赛事。

世界杯：每个赛季会有 2~3 站比赛，一般为公开性赛事。

世锦赛：每 2 年举办 1 次，一般在冬残奥会前一年和后一年。世锦赛一般有年龄和积分的要求，达到一定要求的运动员方可参加世锦赛。

冬残奥会：每 4 年举办 1 次，为最高级别赛事。

冬季两项比赛包括越野滑雪和射击两个部分。比赛距离在 6~15 公里，每圈 2~3 公里，采用自由式技术滑雪 3 圈或 5 圈，进行 2 次或者 4 次射击。其间，运动员必须击中 10 米远的射击靶，脱靶将导致完成总路线时间的增加。除长距离比赛（即个人赛）的其他比赛外，运动员脱靶 1 次将在惩罚赛道上滑行 1 圈（惩罚赛道必须设置在距离靶场不超过 60 米的地方）。

站姿组和视力障碍组运动员的惩罚赛道周长为 150 米，坐姿组运动员惩罚赛道周长为 100 米。长距离比赛中，脱靶 1 次将在总成绩上加时 1 分钟。冬季两项十分考验运动员身体耐力和射击精准度之间的转换能力。

2. 运动员分级

冬季两项的分级与成绩计算方法与越野滑雪相同，比赛成绩为运动员的实际用时乘以所在级别相应系数。

分级分为站姿、坐姿和视力障碍三大组别。

（1）站姿组分为 7 个级别

包括LW2、LW3、LW4、LW5/7、LW6、LW8、LW9。其中，LW2、LW3、LW4为下肢体残疾，LW5/7、LW6、LW8为上肢体残疾，LW9为复合肢体残疾。站姿运动员可根据其身体状况使用两个、单个雪杖或不使用雪杖进行比赛。

（2）坐姿组分为 5 个级别

包括LW10、LW10.5、LW11、LW11.5、LW12。坐姿运动员一般使用坐式滑雪器和雪杖进行比赛。

（3）视力障碍组分为 3 个级别

包括B1、B2、B3。视力障碍组分级标准同高山滑雪视力障碍组分级标准，B1级别的运动员在比赛时须佩戴眼罩并配备领滑员，B2和B3级别的运动员可自愿选择是否配备领滑员。

在每个组别中，级别数字越小，则表示残疾程度越重。

三 设项与成绩

1. 冬残奥会项目设项

冬残奥会冬季两项共设置18个小项，比赛分为短距离、中距离、长距离，其中竞速、中距离、长距离又各分为视力障碍、站姿、坐姿3个组别。

其中视力障碍组别的运动员可配有领滑员。

冬季两项设项一览表

男子项目		女子项目	
短距离 7.5 公里	视力障碍	短距离 6 公里	视力障碍
	站姿		站姿
	坐姿		坐姿
中距离 12.5 公里	视力障碍	中距离 10 公里	视力障碍
	站姿		站姿
	坐姿		坐姿
长距离 15 公里	视力障碍	长距离 12.5 公里	视力障碍
	站姿		站姿
	坐姿		坐姿
9 项		9 项	

2. 奖牌榜

历届冬残奥会冬季两项比赛奖牌榜

排名	国家 / 地区	金牌	银牌	铜牌	总计
1	俄罗斯	24	27	15	66
2	德国	22	10	16	48
3	乌克兰	14	19	22	55
4	法国	7	5	4	16
5	挪威	6	4	8	18
6	俄罗斯奥林匹克运动员	5	5	1	11
7	瑞士	3	5	3	11
8	芬兰	3	2	4	9
9	美国	2	4	2	8
10	日本	2	2	2	6
11	荷兰	2	0	1	3
12	白俄罗斯	1	2	6	9
	加拿大	1	2	6	9
14	瑞典	1	2	2	5
15	丹麦	1	0	1	2
16	独联体 *	1	0	0	1
17	奥地利	0	4	0	4
18	斯洛伐克	0	2	1	3
19	意大利	0	0	1	1
	波兰	0	0	1	1
合计		95	95	96**	286

注：* 苏联解体后，12 个国家组成“独联体”代表队参加了 1992 年冬残奥会。
** 冬季两项项目产生并列铜牌，故铜牌总数为 96 枚。

2010 年第 10 届冬残奥会冬季两项比赛奖牌榜

排名	国家 / 地区	金牌	银牌	铜牌
1	俄罗斯	5	7	4
2	乌克兰	3	3	4
3	德国	3	0	2
4	挪威	1	1	0
5	芬兰	0	1	0
6	白俄罗斯	0	0	1
	美国	0	0	1

2014 年第 11 届冬残奥会冬季两项比赛奖牌榜

排名	国家 / 地区	金牌	银牌	铜牌
1	俄罗斯	12	11	7
2	乌克兰	4	3	8
3	德国	2	1	0
4	挪威	0	2	0
5	加拿大	0	1	1
6	白俄罗斯	0	0	2
7	日本	0	0	1

2018 年第 12 届冬残奥会冬季两项比赛奖牌榜

排名	国家 / 地区	金牌	银牌	铜牌
1	俄罗斯奥林匹克运动员	5	5	1
2	乌克兰	4	5	5
3	德国	3	0	2
4	美国	2	4	1
5	法国	2	1	1
6	白俄罗斯	1	2	3
7	加拿大	1	1	4
8	挪威	0	0	1

四 场地与装备

1. 场地

冬残奥会冬季两项比赛滑雪赛道的要求与越野滑雪的赛道要求相同。

赛道基本是依山而建，尽量贴近自然原貌，避免人为设置重复路况。赛道一般为1/3上坡路段，1/3水平起伏路段和1/3下坡路段。1/3上坡路段，坡度在9%~18%，高度差在10米以上，坡度大于18%；1/3水平起伏路段，利用短的上下坡路面，坡度小于9%；1/3下坡路段，线路最高点海拔不应超过1800米（主要考虑人体在高海拔下高强度运动对机体的影响）。

一般情况下，站姿组和视力障碍组的赛道与奥运会冬季两项的赛道相同，坐姿组赛道的落差与坡度相对较小，路线难度减小。

射击场设在起、终点附近，一般射击方向应为向北射击，以避免阳光对运动员视线的妨碍。靶台用雪铺压而成，必须平坦而坚固，上面可铺盖席子或类似覆盖物，靶台前沿和与之平行的靶板线间的距离为10米。靶台设有射击道，每条射击道每次供1名运动员进行射击。

处罚圈必须设置在距离靶场不超过60米的地方。坐姿组运动员的处罚赛道为100米，站姿组和视力障碍组运动员的处罚赛道为150米。

2. 服装与器材

（1）服装

冬季两项的比赛服装与越野滑雪相同，选择轻薄富有弹力的面料，滑行时减少风的阻力。一般来说，比赛服分为连体和分体两种，考虑到身体条件，尤其是下肢体残疾的运动员，通常情况下使用分体式比赛服。

（2）比赛器材装备

参赛运动员比赛中使用的器材包括：滑雪板、固定器、滑雪鞋、假肢、滑雪镜、雪杖、枪支等。视力障碍运动员射击时要佩戴接收声音反馈信号的耳机。

冬季两项滑雪器材除枪支外，其他器材的规格要求与越野滑雪一致。

枪支：视力障碍组（B级别）运动员射击系统由组委会提供。

肢体残疾（LW级别）运动员使用自己携带的气步枪。肢体残疾的运动员在比赛中使用10米气步枪。

视力障碍运动员使用装配有声瞄准系统的电子步枪，运动员通过佩戴耳机收听瞄准情况的反馈音，然后根据声音信号强度辨别击发时机进行射击。视力障碍运动员在视力正常的领滑员的引导下参加比赛。

10米气步枪特殊规定：枪支弹夹有5发子弹，枪的扳机重量不得小于 0.5 千克。气步枪枪筒（从枪口到击发装置末端）的长度不得超过850毫米。瞄准装置（LW级别）：枪支上不得安装矫正镜片，运动员可以佩戴眼镜；可以使用没有镜片的瞄准装置和彩色滤光镜；不允许使用望远镜；如果运动员使用右手射击、左眼瞄准（反之亦然），则可使用棱镜和反光镜。

射击垫规格为2米 × 1.5米，1~2厘米厚度，须防滑。

靶位在距离靶基43厘米（上下浮动5厘米）的位置。肢体残疾运动员使用钢靶，瞄准区域直径35毫米，击中区直径13厘米。视力障碍运动员使用电子靶位，击中区直径21毫米。

滑雪镜
雪杖
坐式滑雪器
IPC
SAMSUNG
25

滑雪板
滑雪镜
枪支
FISCHER
MEGAFON

五　赛制与规则

1. 基本赛制

比赛设有站姿组、坐姿组和视力障碍组，按短距离、中距离和个人赛（即长距离）组织比赛。残奥运动员在滑行过程中不背枪。当运动员进入靶场的时候，由教练员或其他辅助人员负责把枪递给运动员，这一点与冬奥会冬季两项比赛不同。

出发、计时的规则要求与越野滑雪相同，成绩计算方法基本相同，运动员冲过终点的时间减去出发的时间，再加上罚时，然后乘以运动员相应的系数后得到的最终时间是运动员的比赛成绩，用时少者名次列前。

站姿组和视力障碍组运动员均采用卧射，坐姿组运动员可以选择卧射或者坐射。

2. 主要规则

短距离比赛为男子7.5公里，女子6公里。男子组每圈2.5公里，女子组每圈2公里，滑行3圈，进行2次射击，每次5发子弹。如果运动员出现脱靶，每次将在处罚道被加罚1圈，时间将被计入总成绩后乘以系数，得到最终成绩。

中距离比赛为男子12.5公里，女子10公里。男子组每圈2.5公里，女子组每圈2公里，滑行5圈，进行4次射击，每次5发子弹。如果运动员出现脱靶，每次将在处罚道被加罚1圈，时间将被计入总成绩后乘以系数，得到最终成绩。

长距离比赛为男子15公里，女子12.5公里。男子组每圈3公里，女子组每圈2.5公里，滑行5圈，进行4次射击，每次5发子弹。如果运动员出现脱靶，每次将加罚 1 分钟时间，计入总成绩后乘以系数，得到最终成绩。

校枪：比赛开始之前需要为运动员提供45分钟的校枪或测试枪支的时间，一般在比赛前1小时开始，并于比赛前至少10分钟结束。校枪时只能使用纸靶。

在靶场区域，领滑员不得与运动员交流，除非进行滑行所必需的语言提示。

六　观赛与礼仪

1. 观赛指南

①冬季两项比赛对运动员体能及耐力是极大的考验，运动员要在心脏剧烈跳动的滑雪后迅速停下来，进行射击比赛，全程反复3~5次。这要求运动员既要有由动转静的能力，又要有由静转动的能力，这种动静结合之美在其他项目中难得一见。

②优秀的冬季两项运动员往往有自己的熟练技巧。坐姿组运动员在不卸掉坐式滑雪器的情况下，矫健俯卧、射击，爬起后继续滑行；站姿组双手掌缺失的运动员在使用辅助器具的情况下精准完成射击；视力障碍组运动员依靠声音的判断、选择最佳的射击时机。这一切都是不断挑战和超越自我的体现，令观众叹为观止。

③视力障碍运动员参加冬季两项比赛，B1级运动员需要领滑员引导，B2和B3级运动员可自主选择是否需要领滑员引导。滑雪部分引导同越野滑雪一样，领滑员不允许与运动员有身体接触，只能用语言或传导扩音设备引导，而且不能影响其他运动员。

④比赛成绩同样需要通过系数折算。为了使比赛相对公平公正，每名残疾运动员都要进行分级，根据分级情况，各个级别分别对应一定的系数，运动员的比赛成绩通过系数运算，才能得出最后结果。

2. 观赛礼仪

①为运动员的顽强拼搏精神鼓掌。冬季两项比赛距离都较长，运动员体能消耗大，又要多次静止下来射击，对残疾运动员难度尤其大。观众可以看到，有的运动员没有双手，需要借助辅助器械才能完成射击；有的坐姿比赛运动员不能卧射，需要坐着完成射击；视力障碍运动员完成射击还要依靠声音信号来判断。当他们克服着种种困难击中一个个靶环，然后再立即转入滑行，带给人们的是强烈的震撼。

②视力障碍运动员借助领滑员的声音信号的引导完成滑行，因此，在观赛过程中，当视力障碍运动员临近时，要保持场内安静，确保运动员与领滑员之间声音信号准确传递。

③一定要在安全护栏外围观看比赛，以免影响运动员滑行或造成伤害事故。文明观赛，比赛进行中不应来回走动，比赛结束后有序离场。

④冬季两项比赛场地在室外，通常气温较低、紫外线较强，观众应穿保暖透气的服装及防滑保暖的鞋子，配备合适的滑雪镜，备好脸部防晒霜等物品。

七　助残与服务

①要按照运动员、观众、新闻媒体、技术官员和贵宾五大客户群的流线，完整考虑整个冬季两项赛场相关人员流线无障碍通行和良好的无障碍服务设施。

②冬季两项比赛赛场主要的竞赛赛道在起伏的山道上，赛场还有射击场地，两种运动多次交替，运动员从运动员村到赛场接驳点以及赛场内的无障碍无缝连接必须做得更好。

③在赛场及相关地点都要设有足够数量的无障碍卫生间；沿途设置医疗站，医护人员应有残疾人救护经验或经过专业的培训；在轮椅及假肢维修点需要预备坐式滑雪器方面的维修器材及工具；比赛场地应搭建为使用轮椅的运动员转换器材时所需的轮椅存放室。

④坐轮椅的观众可乘摆渡车到轮椅观赛区观赛。

HYUNDAI
HYUNDAI
HYUNDAI
HYUNDAI
4 1
UKR
UKR

残奥越野滑雪

PARA CROSS-COUNTRY SKIING

越野滑雪是借助滑雪用具，运用登山、滑降、转弯、滑行等基本技术，滑行于山丘雪原的运动项目。该项目起源于北欧，是世界运动史上最古老的运动项目之一，属于雪上体能类项目。残奥越野滑雪是开展最为广泛的一个冬残奥项目。

一 历史与发展

1. 项目起源

公元前 我国在新疆阿勒泰地区的洞穴中发现敦德布拉克（位于阿勒泰市汗德尕特蒙古族乡）滑雪形象岩画，绘制于距今 1 万年前的旧石器时代晚期。在俄罗斯辛多尔湖地区（位于莫斯科西北约 1200 公里）发现的硬木制滑雪板，制作于公元前 6300 年—5000 年。这些发现说明人类滑雪历史久远。

1842 年 第一个大众越野滑雪比赛在挪威北部港口城市特罗姆瑟举行。

20 世纪 40 年代 一些受伤军人、运动员因对越野滑雪运动的热爱，采用了不同的方式参加这项运动，推动残奥越野滑雪的发展。

2. 冬残奥历程

1976 年 残奥越野滑雪在第 1 届冬残奥会上被列为正式项目，截至 2018 年第 12 届冬残奥会，残奥越野滑雪在过去的 12 届冬残奥会上都是一个正式比赛项目。

最早的残奥越野滑雪比赛中，每一个小级别都有设项，赛制与奥运会越野滑雪类似，滑行不同的距离，用时少者名次列前。同一个级别下的运动员公平竞争。

由于不同级别的参赛人数分布不均，影响了比赛的观赏性和竞争性，国际残奥委会决定采用合并级别的方式进行比赛，合并后不同级别乘以相应的系数，比赛成绩按系数折算后为最终成绩。

1988 年 坐姿滑雪被引入残奥越野滑雪项目。

残奥越野滑雪项目发展情况统计表

年份	国家 / 地区	设项	男运动员	女运动员	运动员总数
1976	15	25	101	24	125
1980	14	27	117	31	148
1984	18	35	155	39	194
1988	17	38	125	39	164
1992	18	27	120	30	150
1994	25	48	136	41	177
1998	24	39	150	63	213
2002	22	32	96	38	134
2006	22	20	88	43	131
2010	23	20	93	49	142
2014	22	20	94	53	147
2018	31	20	98	59	157

3. 在中国的发展

2002 年 我国首次参加残奥越野滑雪项目比赛。女子视觉障碍组运动员韩丽霞在 10 公里（传统技术）比赛中获得第六名。

2006 年 在第 9 届冬残奥会上，我国女子视觉障碍组运动员韩丽霞在 15 公里（自由技术）比赛中获得第六名。

2010 年 在第 10 届冬残奥会上，我国女子站姿组运动员彭园园在 5 公里（传统技术）比赛中获得第五名，在 1.2 公里（传统技术）比赛中获得第七名，在 15 公里（自由技术）比赛中获得第八名；男子站姿组运动员杜海涛在 20 公里（自由技术）比赛中获得第七名。

2014 年 在第 11 届冬残奥会上，我国残奥越野滑雪队获团体接力项目第七名。

2016 年 全国残疾人越野滑雪锦标赛于 12 月 22—29 日在黑龙江省亚布力滑雪场举行。本次赛事是我国举办的首届残疾人越野滑雪锦标赛。来自全国 10 个省区市的 78 名运动员参加了比赛，共决出 75 枚奖牌。

2017 年 全国残疾人越野滑雪锦标赛于 12 月 22—28 日在黑龙江省亚布力滑雪场举行。本次赛事共有来自全国 18 个省区市的 98 名运动员参加。

2018 年 在第 12 届冬残奥会上，我国男子坐姿组运动员郑鹏在 15 公里比赛中获得第四名，男子站姿组运动员马明涛在 10 公里（传统技术）比赛中获得第八名，女子坐姿组运动员金亚维在 12 公里比赛中获得第八名。

二 竞赛与分级

1. 主要国际赛事

残奥越野滑雪重要国际比赛有洲际杯、世界杯、世锦赛、冬残奥会。

洲际杯：每个赛季都会举办，如亚洲杯、北美洲际杯等，一般为公开性赛事，没有积分要求。

世界杯：每个赛季会有 2~3 站比赛，一般为公开性赛事，没有积分要求。

世锦赛：每 2 年举办 1 次，一般在冬残奥会前一年和后一年。世锦赛一般有年龄和积分的要求，达到一定要求的运动员方可参加世锦赛。

冬残奥会：每 4 年举办 1 次，为最高级别赛事。

参赛运动员为肢体残疾和视觉障碍的运动员。根据身体损伤和功能障碍的不同，运动员可以采用站姿滑雪，也可以采用坐姿滑雪。坐姿滑雪是在滑雪板上加装一个类似座椅的装置，运动员坐在椅子上滑行。视觉障碍运动员一般由一名视力正常的领滑员引导，一起参加比赛。男女运动员采用传统或自由技术参加短距离、中距离和长距离（0.9 公里至 20 公里）比赛或参加团队接力。

2. 运动员分级

（1）站姿组分为 7 个级别

包括 LW2、LW3、LW4、LW5/7、LW6、LW8、LW9。其中，LW2、LW3、LW4 为下肢体残疾，LW5/7、LW6、LW8 为上肢体残疾，LW9 为复合肢体残疾。站姿组运动员可根据其身体状况使用两个、单个雪杖或不使用雪杖进行比赛。

（2）坐姿组分为 5 个级别

包括 LW10、LW10.5、LW11、LW11.5、LW12。坐姿组运动员一般使用坐式滑雪器和雪杖进行比赛。

（3）视觉障碍组分为 3 个级别

包括 B1、B2、B3。视觉障碍组分级标准同高山滑雪视觉障碍组分级标准一样，B1 级别的运动员在比赛时须佩戴眼罩并配备领滑员，B2 和 B3 级别的运动员可自愿选择是否配备领滑员。

在每个组别中，级别数字越小，则表示残疾程度越重。

运动员的比赛成绩由比赛的绝对时间乘以相应的系数来最终确定，用时少者名次列前。系数则根据规则按照运动员的残疾类别和级别来确定。

三 设项与成绩

1. 冬残奥会项目设项

残奥越野滑雪项目共设置20个小项，比赛分为短距离、中距离、长距离、混合接力和公开接力，其中短距离、中距离、长距离根据运动员残障情况不同，又各分为视觉障碍、站姿、坐姿3个组别。也就是说，从组别上看，分为男子坐姿3项，女子坐姿3项，男子站姿3项，女子站姿3项，男子视觉障碍3项，女子视觉障碍3项，4×2.5公里混合接力、4×2.5公里公开接力2项。

其中参加视觉障碍项目的运动员可配有领滑员。

冬残奥会越野滑雪设项一览表

男子项目			女子项目			团体项目	
短距离	1.3公里	视觉障碍	短距离	1.3公里	视觉障碍	4×2.5公里混合接力	4×2.5公里公开接力
		站姿			站姿		
	0.9公里	坐姿		0.9公里	坐姿		
中距离	12.5公里	视觉障碍	中距离	10公里	视觉障碍		
		站姿			站姿		
	10公里	坐姿		7.5公里	坐姿		

续表

<table>
<tr><th colspan="3">男子项目</th><th colspan="3">女子项目</th><th colspan="2">团体项目</th></tr>
<tr><td rowspan="3">长距离</td><td rowspan="2">20 公里</td><td>视觉障碍</td><td rowspan="3">长距离</td><td rowspan="2">15 公里</td><td>视觉障碍</td><td rowspan="3">4 × 2.5 公里混合接力</td><td rowspan="3">4 × 2.5 公里公开接力</td></tr>
<tr><td>站姿</td><td>站姿</td></tr>
<tr><td>18 公里</td><td>坐姿</td><td>15 公里</td><td>坐姿</td></tr>
<tr><td colspan="3">9 项</td><td colspan="3">9 项</td><td>1 项</td><td>1 项</td></tr>
</table>

2. 奖牌榜

历届残奥会越野滑雪比赛奖牌榜

序号	国家 / 地区	金牌	银牌	铜牌	总数
1	挪威	78	48	35	161
2	芬兰	64	46	53	163
3	俄罗斯	52	53	39	144
4	德国	27	30	19	76
5	加拿大	20	6	10	36
6	瑞典	14	19	23	56
7	乌克兰	13	22	22	57
8	法国	13	8	18	39
9	波兰	11	6	19	36
10	奥地利	10	19	19	48
11	美国	9	14	9	32
12	独联体	9	8	3	20

续表

序号	国家 / 地区	金牌	银牌	铜牌	总数
13	联邦德国	7	22	12	41
14	白俄罗斯	7	9	10	26
15	瑞士	5	11	21	37
16	意大利	4	4	8	16
17	日本	3	3	2	8
18	俄罗斯奥林匹克运动员	2	4	3	9
19	哈萨克斯坦	1	1	0	2
20	丹麦	1	0	2	3
21	韩国	1	0	1	2
22	荷兰	0	4	3	7
23	西班牙	0	2	1	3
24	捷克	0	1	1	2
25	斯洛伐克	0	1	0	1
26	英国	0	0	2	2
27	苏联	0	0	2	2
28	爱沙尼亚	0	0	1	1
合计		351	341	338	1030

2010 年第 10 届残奥会越野滑雪比赛奖牌榜

排名	国家	金牌	银牌	铜牌
1	俄罗斯	7	9	6
2	加拿大	3	1	1
3	德国	3	1	0
4	乌克兰	2	5	2
5	日本	2	1	0
6	白俄罗斯	2	0	6
7	意大利	1	1	1
8	挪威	0	2	1
9	芬兰	0	0	1

2014 年第 11 届残奥会越野滑雪比赛奖牌榜

排名	国家	金牌	银牌	铜牌
1	俄罗斯	12	9	11
2	加拿大	4	0	0
3	乌克兰	1	6	3
4	瑞典	1	2	1
5	挪威	1	0	1
6	德国	1	0	0
7	美国	0	2	1
8	芬兰	0	1	0
9	法国	0	0	2
10	白俄罗斯	0	0	1

2018 年第 12 届残奥会越野滑雪比赛奖牌榜

排名	国家	金牌	银牌	铜牌
1	美国	4	3	2
2	加拿大	4	1	5
3	乌克兰	3	2	3
4	白俄罗斯	3	2	1
5	俄罗斯奥林匹克运动员	2	4	3
6	法国	1	1	1
7	日本	1	1	0
8	韩国	1	0	1
9	哈萨克斯坦	1	0	0
10	德国	0	3	1

四 场地与装备

1. 场地

张家口奥林匹克体育公园鸟瞰图

残奥越野滑雪的赛道为检验运动员的技术、战术、体能而设计，应有起伏波动和上下坡的路段，尽可能自然，避免单调。在可能的条件下，应设计穿过森林的线路。

2022年冬残奥会的残奥越野滑雪项目在国家冬季两项中心举行。基本是依山而建，尽量贴近自然原貌，避免人为设置重复路况。残奥越野滑雪赛道一般为1/3上坡路段、1/3水平起伏路段和1/3下坡路段。1/3上坡路段，坡度在9%~18%，高度差在10米以上，坡度大于18%；1/3水平起伏路段，利用短的上下坡路面，坡度小于9%；1/3下坡路段，考虑人体在高海拔下高强度运动对机体的影响，线路最高点海拔不应超过1800米。

一般情况下，站姿组和视觉障碍组的赛道与奥运会越野滑雪的赛道相同，坐姿组赛道的落差与坡度相对较小，赛道相对容易。

（1）传统技术滑雪的准备

雪槽的数量根据距离、宽度、赛道状况、比赛方式及参赛人数决定。

雪槽一般沿着赛道的中部最佳滑行路线设定。赛道曲折时雪槽的选择应保证滑行顺畅。如果赛道角度太小且滑行时可能导致速度过高，应另选雪槽。另外，应将雪槽设置在靠近防护栏的地方，以避免运动员在防护栏和雪槽之间的位置滑行。设置赛道和雪槽时应考虑高水平运动员及高速等极端情况。

雪槽的设置应保证临近的运动员不互相影响，2对雪槽之间的距离应为22~23厘米。雪槽的深度为2~5厘米，不论雪的软硬程度。使用2对以上雪槽时，其间距应至少达到1.2米。

（2）自由技术滑雪的准备

比赛期间赛道宽度保持不变，由仲裁决定下坡的雪槽设置地点和设置方法。在旁边另设1对雪槽供使用传统技术的运动员使用。如果有站立式和坐式运动员均使用传统技术，应另外准备2对雪槽。

（3）起点区

前50米为起点区，此区域需要分隔，分隔的宽度、长度由仲裁根据比赛形式及场地设置决定，分隔的长度应尽可能地长。

（4）终点区

最后的50~100米直道作为终点区，此区域需要分隔且明显标注，但标识不能影响滑行。分隔的长度应该尽可能地长，其宽度、长度由仲裁根据比赛形式及场地设置决定。终点线必须用彩色带标识，彩色带宽度不超过10厘米。

（5）交接区

接力比赛中交接区范围应宽阔充足，标识明显，设置于平整光滑的地段。交接区的长宽应根据场地大小和比赛形式调整。

（6）换板区

如果比赛允许更换滑雪板，则组委会必须为每个代表队设立专门的换板区，并以国旗或缩写作为区别标识。同时应当为不进入换板区的运动员提供最短路径的通道。

（7）附属设施

冬残奥会期间，应设置队伍准备区域及打蜡区。此区域应适当供暖通风且靠近赛场。无障碍卫生间应设置于靠近比赛场地处，尤其应靠近起点。

2. 服装与器材

（1）服装

比赛服装与奥运会越野滑雪基本相同，选择轻薄富有弹力的面料，滑行时减少风的阻力。一般来说，比赛服分为连体和分体两种，考虑到身体特点，运动员通常情况下使用分体式比赛服，尤其是下肢体残疾的运动员。

滑雪镜
雪杖
HYUNDAI
6
swix
雪板
HYUNDAI
204
坐式滑雪器

（2）比赛器材装备

参赛运动员比赛中使用的器材包括雪板、雪杖、固定器、滑雪鞋、假肢、滑雪镜、眼罩等。残奥运动员的雪板、固定器、滑雪鞋等与奥运会的相同，须符合国际残奥委会的标准。

残奥越野滑雪分为自由技术和传统技术，两种不同的技术所使用的器材也不同。例如：传统式雪板（187~207厘米）比自由式雪板（176~191厘米）要长一些，传统式雪杖（140~167厘米）则比自由式雪杖短一些（140~175厘米）。两种滑雪板根据性能又分为高温板、低温板；根据软硬度可分为软板、中性、硬板。一般来说，传统式雪杖的长度为身高的83%，自由式雪杖的长度为身高的92%。

雪蜡：有两种——减小阻力的助滑蜡和增加阻力的防滑蜡（防止在使用传统技术用力时向后滑）。选择哪种蜡要综合考虑雪质、雪温、天气状况和其他因素。自由板打蜡与否，对滑行速度的影响为10%~15%。

固定器：有传统式与自由式之分。

雪鞋：分为传统鞋、自由鞋、全能鞋。

滑雪镜：分为平光、暗光、亮光。

坐式滑雪器：采用坐姿滑雪的运动员使用坐式滑雪器进行比赛，即在滑雪板上安装一个特别装配的椅子，椅子包括座位安全带和悬挂装置，要根据运动员身体情况量身定制。座位各连接处不能安装弹簧等弹性部件，座位与雪板连接处不可调节。座位底部与雪板顶端允许的最大高度为40厘米。在坐姿组项目比赛中，运动员必须全程保持臀部与座位接触，不能离开座位。为保证臀部不移动，必须使用无弹性绑带将运动员的大腿固定在座位上。

眼罩：B1级别的运动员必须佩戴经技术委员会检查的眼罩或眼镜，以保证没有光进入眼罩或眼镜。如果运动员自己携带的眼镜未通过检查，则使用技术委员会提供的眼镜。

五 赛制与规则

1. 主要赛制

（1）个人比赛

分为短距离、中距离和长距离，设有站姿组、坐姿组和视觉障碍组。比赛出发顺序一般为坐姿组、视觉障碍组和站姿组，通常安排男子在女子前面出发，比赛均采用间隔30秒出发（短距离资格赛阶段为15秒），出发顺序由抽签、积分系统、排名、资格体系等方法决定。

比赛成绩为冲过终点的时间减去出发的时间，乘以运动员相应的系数后得到的最终时间。用时少者名次列前。

短距离分为资格赛、半决赛和决赛。资格赛的前12名进入半决赛，12名运动员分为2组，每组6人，进行半决赛。2组的前3名，共6名运动员，进入决赛，争夺最后的金牌。中距离和长距离直接决赛。

（2）混合接力和公开接力

各队参加混合接力时必须有至少1名女运动员，可以由2~4名运动员参加比赛，完成第一棒到第四棒共4圈。每个棒次运动员的系数之和须小于等于335%。女子运动员系数再减去18%，坐姿运动员系数再减去12%（坐姿女子运动员系数则减去30%）。第一棒和第三棒为坐姿比赛，第二棒和第四棒为站姿比赛。第一棒和第三棒采用传统技术，第二棒和第四棒采用自由技术。比赛成绩为实际时间，不再乘以系数。

公开接力性别不限，可以由2~4名运动员参加比赛，完成第一棒到第四棒共4圈。每个棒次运动员的系数之和须小于等于375%。女子运动员系数再减去18%，坐姿运动员系数再减去12%（坐姿女子运动员系数则减去30%）。第一棒和第三棒为坐姿比赛，第二棒和第四棒为站姿比赛。第一棒和第三棒采用传统技术，第二棒和第四棒采用自由技术。比赛成绩为实际时间，不再乘以系数。

在冬残奥会中，运动员不能同时参加混合接力和公开接力的比赛，只能择其一。

2. 主要规则

（1）出发要求

在发令员发出出发命令之前，运动员必须将双脚静止放置在起点线后，雪杖要静止地放在出发线或出发门上。视觉障碍组运动员出发时，需要辅助人员将手放在其肩部，以告知其出发时间。

（2）残奥越野滑雪比赛规则对传统技术和自由技术有不同要求

传统技术包括交替滑行、双杖推撑滑行、无滑行阶段的“八”字踏步、滑降以及转弯技术。不允许有双脚或单脚的蹬雪动作，两个滑雪板保持与滑行方向平行，运用双腿的前后摆动和雪杖来前进，运动员“踏步”前进时与走动类似，只是在滑雪时用雪杖产生推力，每次跨步 会滑行一段距离，在滑行中，感觉就像穿着光滑的鞋子，在大理石面上滑行一样。在超越前面运动员的时候，可以跳出雪槽改道滑行，下坡和平地雪道是超越对手的黄金赛段。

自由技术对技术动作没有限制，运动员可以采用任何技术动作。

六 观赛与礼仪

1. 观赛指南

①通过了解残疾级别，看懂残疾运动员如何克服生命局限。越野滑雪比赛对运动员的体能及耐力都是极大的考验，而残疾运动员由于肢体残疾或视觉障碍会面临更多的困难，观众在观赏比赛时，了解一点他们的残疾程度，将会更容易理解他们顽强的付出。

LW代表肢体残疾类运动员，LW2~9为站立比赛的运动员，其中LW2~4为下肢体残疾（数字越小，残疾程度越重），LW5/7为双上肢体残疾，LW6/8为单上肢体残疾，LW9为复合残疾的运动员。

LW10~12为坐姿比赛的运动员，其中LW10的残疾程度最重，LW12的残疾程度最轻。

B代表视觉障碍运动员，B1级为全盲运动员，他们必须佩戴眼罩，并有领滑员；B2和B3级为低视力运动员，他们可以选择比赛时是否用领滑员。

②滑雪高手才能担当视觉障碍运动员的领滑员。领滑员要将线路变化情况和当前所处位置情况随时告知运动员，领滑员平时要与运动员一起训练、配合默契，而且本身的滑雪能力应高于被引导的运动员，才能自如地带领运动员完成训练和比赛，并不断地提升运动员的水平。

③残奥越野滑雪的两种技术各有特点。残奥越野滑雪的技术动作有两种：传统技术和自由技术。传统技术比场地会事先轧出两条雪槽，运用双腿的前后摆动和雪杖支撑来前进。自由技术动作没有限制，运动员一般会

采取类似蹬冰的动作加大推动力。传统技术在下坡时极具美感，而自由技术的爬坡和超越是比赛的看点。

④比赛激烈好看但要注意冬季户外保暖。虽然场地风景壮美，但比赛经常会遇到降雪天气。如果能在漫天飞雪的时候亲临赛场，看身着艳丽比赛服装的运动员在山间相互追逐，高低起伏，这本身就是一种享受。不过需要提醒观众的是，在户外观赛，通常气温较低、紫外线较强，观众请穿保暖透气的服装及防滑的鞋子，配备合适的滑雪镜，备好脸部防晒霜及护脸等物品。

⑤比赛最终结果需要计算。为了使比赛相对公平公正，通过分级评估，每个人的分级级别都有相应的系数，选手的比赛成绩需要乘以系数，运算出来的成绩才是最后结果。

2. 观赛礼仪

①为运动员的勇敢精神鼓掌。残奥越野滑雪比赛距离都较长，体能消耗大，再加上身体有残疾，运动员可能会由于体力下降而摔倒，我们要为残疾运动员加油，鼓励他们完成赛程，在到达终点时有时也会有运动员摔倒在地。然而值得注意的是，并不是每一次摔倒都是体力不支，有的运动员会在终点冲刺时使用摔倒动作撞线，特别是两名运动员相差无几时。这种情况下摔倒的选手需要付出很大的勇气，我们更要为这种勇敢的“摔倒”鼓掌。

②需要特别注意的是，视觉障碍运动员要借助领滑员的声音信号的引导完成滑行，因此，在观赛过程中，当视觉障碍运动员临近时，要保持场内安静，确保运动员与领滑员之间的声音信号传递准确。

③一定要在安全护栏外围观看比赛，以免影响运动员滑行或造成伤害事故。比赛进行中不应来回走动，比赛结束后有序离场。

④文明观赛，为自己喜欢的运动员和所有表现良好的运动员加油鼓劲，不要吹口哨喝倒彩，更不要向内场乱扔杂物，果皮、纸屑就近投入垃圾箱。不要与裁判等工作人员进行任何形式的谈话，包括询问成绩、对判罚表达异议等。

⑤如果有拍摄比赛的兴趣，一定要按照工作人员要求，将摄像器材及装备放在不影响比赛的位置上。

七 助残与服务

①残奥越野滑雪赛场要按照不同人群的实际需求，充分考虑运动员、观众、新闻媒体、技术官员、贵宾等各类客户群在比赛状态下的流线，满足无障碍条件，配备完善的无障碍设施。

②坐姿越野滑雪比赛起点、终点和观赛区都在室外起伏不平的山路上，相关地点要设有足够使用的无障碍卫生间；沿途设置医疗站，医护人员要进行专门的救护残奥运动员的培训；在轮椅及假肢维修点需要配坐姿滑雪器、轮椅等残疾人专用器材方面的维修器材。

③比赛场地需要搭建为使用轮椅的运动员转换器材时所需的轮椅存放室。

④如条件允许，在场地适当地方放置残奥越野滑雪等相关的盲文出版物和印刷品，供视觉障碍人士使用。

残奥冰球

PARA ICE HOCKEY

冰球亦称“冰上曲棍球”，残奥冰球原名残疾人冰橇冰球。

该项目选手都是身体下肢有残疾的运动员。比赛双方技战术复杂多变，节奏快、强度大、对抗激烈。

一 历史与发展

1. 项目起源

19 世纪 有组织的冰球活动始于加拿大东部地区。19 世纪 70 年代初，詹姆斯 · 克莱顿在蒙特利尔设计了“哈利法克斯规则”，这一规则于 1879 年演变为著名的“麦吉尔规则”。

20 世纪 60 年代 在瑞典斯德哥尔摩的一个康复中心，一批热爱冰球运动的肢体残疾运动员，从冰球项目中设计出了冰橇冰球运动。他们用 2 个正常尺寸的冰刀改造出金属框架的冰橇，让冰球可以从冰橇下面通过，用圆杆的自行车把手作为杆子，通过 2 个圆杆和自行车手柄来完成整个比赛。比赛所用的球杆有一个尖端，用来推冰，同时还有一个拍勺末端，用来击球。

1969 年在瑞典斯德哥尔摩举办了第 1 届国际冰橇冰球比赛，比赛双方是当地的一个俱乐部队和挪威奥斯陆队。

20 世纪 70 年代 瑞典和挪威两个国家的冰橇冰球比赛每年都定期举行。

20 世纪 80 年代 欧美国家纷纷开始组建冰橇冰球队伍，其中英国于 1981 年建队，加拿大于 1982 年建队。

20 世纪 90 年代 美国、爱沙尼亚和日本等国开始组建冰橇冰球队。

2. 冬残奥历程

1976 年 在瑞典恩舍尔兹维克举办的第 1 届冬残奥会上，冰橇冰球被列为表演项目。

1994 年 在挪威利勒哈默尔举办的第 6 届冬残奥会将冰橇冰球列为正式比赛项目。

2018 年 在韩国平昌举办的第 12 届冬残奥会上，冰橇冰球被正式更名为残奥冰球。

目前，残奥冰球运动在约 10 个国家中都得到了良好的发展。项目遵循世界残奥冰球竞赛规则的相关规定开展。

3. 在中国的发展

2015 年　我国正式开展冰橇冰球运动，组织举办全国冰橇冰球项目训练营，在全国范围内选拔参加冰橇冰球项目的运动员。

2016 年　根据中国残联与中国残奥委会联合实施的“冬残奥项目振兴计划”，山东省、黑龙江省、河北省和新疆维吾尔自治区先后组建了中国第一批冰橇冰球队，并于 2016 年 3 月开始训练。

由于冰橇冰球队组队时间短，未能参加当年举行的残奥冰球 C 组世锦赛。

2018 年　我国未获 2018 年平昌冬残奥会残奥冰球比赛的参赛资格。

中国队参加了 2018 年 11 月 6 日在芬兰举办的世界残奥冰球 C 组锦标赛。中国队以全胜战绩取得 C 组冠军，并晋级世界残奥冰球 B 组。按照规定，中国作为东道主可直接参加 2022 年冬残奥会残奥冰球比赛。

二 竞赛与分级

1. 主要国际赛事

由于开展残奥冰球运动的国家较少，目前残奥冰球项目的重要国际赛事只有冬残奥会残奥冰球比赛和残奥冰球世界锦标赛。

残奥冰球世界锦标赛实行分级制，分A、B、C三个组别，采取升降级制，成绩最好的两支队伍晋级上一组，最差的两支队伍降级下一组。

2. 运动员分级

参加残奥冰球项目的运动员为下肢损伤运动员，如截肢、肌力异常、踝关节或膝关节活动受限至一定程度、双下肢不等长超过7厘米等。只要符合该标准的运动员均可参赛。

三 设项与成绩

1. 冬残奥会项目设项

冬残奥会残奥冰球共设金牌 1 枚。

2. 奖牌榜

历届冬残奥会残奥冰球比赛奖牌榜

排名	国家 / 地区	金牌	银牌	铜牌	总计
1	美国	4	0	1	5
2	挪威	1	3	1	5
3	加拿大	1	2	2	5
4	瑞典	1	0	2	3
5	日本	0	1	0	1
	俄罗斯	0	1	0	1
7	韩国	0	0	1	1
合计		7	7	7	21

近 3 届冬残奥会残奥冰球比赛奖牌榜

届数	金牌	银牌	铜牌
第 10 届	美国	日本	挪威
第 11 届	美国	俄罗斯	加拿大
第 12 届	美国	加拿大	韩国

四 场地与装备

1. 场地

残奥冰球的场地规格与奥运会冰球完全一致。

冰场长60米，宽26~30米，场地四角圆弧半径为7~8.5米。四周围以高1.07米（从冰面算起），由木质或可塑材料制成的牢固界墙，在界墙内侧下部安置一圈高15~25厘米的黄色防踢板。界墙的顶部安置蓝色护台，护台延伸围绕整个界墙四周，并标示界墙的结束，以及防护玻璃的开始，护台从混凝土层算起高110厘米。

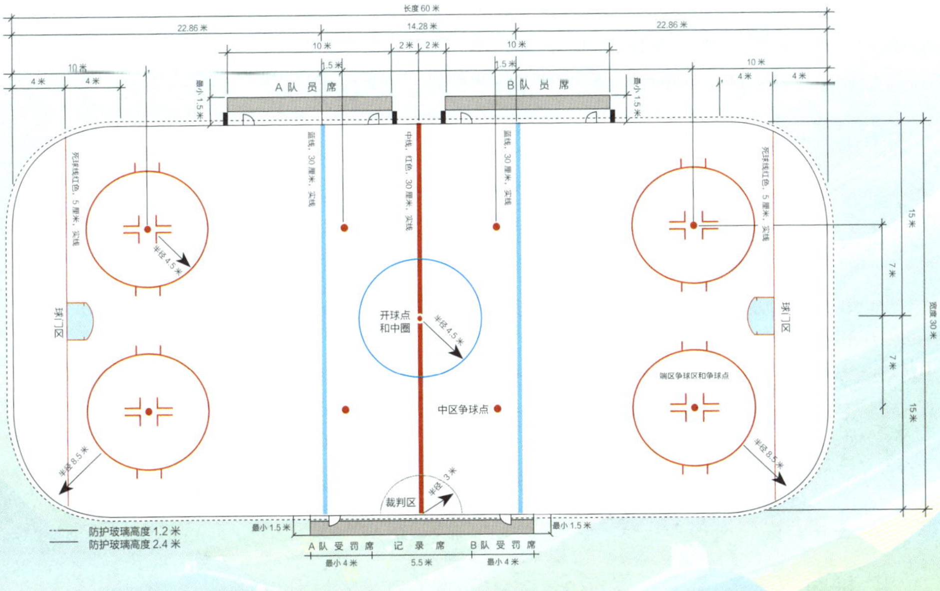

冰面上有5条分界线，依次为：球门线、蓝线、中区红线、蓝线、球门线。这5条线横贯整个冰场并垂直延伸到边线界墙的护台上。中间的3条线把冰场分为3个区：守区（球门线到蓝线）、中区（蓝线到蓝线）和攻区（蓝线到球门线）。

冰面上有9个争球点和5个半径为4.5米的争球圈，除了中心争球点是蓝色，其他争球点都是红色。球门宽1.83 米、高 1.22 米。

在中线附近靠近一侧界墙的冰面上还画有半径为3米的半圆形裁判区。在冰场一侧的界墙外设有分开的、供比赛队使用的队员席，对面界墙外设记录席和受罚席。冰球场必须有信号装置、公开计时计分装置和光线充分良好的照明设备。

2. 服装与器材

（1）服装

★比赛服

同队运动员必须穿戴统一的比赛服、防摔裤、护袜和头盔。比赛服须是相同的设计，包括国家（或队名）、袖子上的号码和背后的名字。比赛服必须完全穿在防摔裤外面，适合队员身型，不能过于宽松。

★护胸

护胸包含护臂、护肩等，其前沿或侧边、护臂内侧和外侧、整个肩膀都不允许凸起。护肩的保护层必须紧贴，不能成为凸起物或延长超过肩部。护肩的锁骨部位，每一面都不能延长，不能有高过或超过肩部或护肩的凸起物，不能延长超过腋下，锁骨部位和护胸之间不允许有插入物。

★护肘

护肘外部必须覆盖柔软的海绵保护垫或类似材料。

在比赛前的准备活动期间和比赛期间，所有运动员都必须在肘关节后部佩戴护肘。

★护臀

由国际冰联供应商生产，不允许在大腿和腰部提供内部和外部的保护，不能有凸起物。护臀的大腿部分必须按照大腿的轮廓制作。

★护腿

护腿必须能放入标准的护袜里，不允许有凸起或附加物。守门员的护腿最宽不能超过 28 厘米。在冰刀前面的护腿下部与冰面之间不允许被任何材料遮挡。

★手套

手套必须全部护住手和手腕。手套的背部必须是柔软的材料，不能附着他物。挡球手套必须是长方形，保护大拇指和手腕的护垫必须紧系在挡球手套上，并包裹住大拇指和手腕，不允许有任何部分隆起。

★头盔

残奥冰球采用全护面罩。所有运动员必须佩戴经冰球装备认证委员会认证的全护面罩。全护面罩要求设计为冰球、冰球杆、执杆端不能穿过的结构。

（2）比赛器材装备

★冰橇

作用是代替健全人的冰鞋，一般由钢、铝、钛和镁等材料制作而成，主要由车架、足跟支撑、前滑轨、足蹬、冰刀和座斗组成。

★冰刀 / 冰刀架

每一个冰橇应该最少安装 1 片、最多 2 片冰刀。

★冰球杆

由木头或其他材料制成，比如碳、铝、玻璃纤维或塑料。现在国际上使用的冰球杆一般都是碳纤维的，比较轻，不易损坏。冰球杆的最大长度不得超过 100 厘米。

★冰球

冰球为硬橡胶或经国际冰联批准的其他材料制成，其主色应为黑色，直径 7.62 厘米，厚度 2.54 厘米，重 156~170 克。

头盔
手套
双下肢截肢运动员
冰橇
单下肢截肢运动员
冰球杆

五 赛制与规则

1. 基本赛制

比赛共进行3局，每局15分钟，局间休息15分钟。若3局比赛结束时两队比分相等，则举行5分钟加时赛。加时赛中，一旦进球，比赛即结束。如加时赛仍平局，双方进行射门比赛，直至决出胜负。

比赛分预赛、半决赛、决赛。预赛分2组，进行单循环赛，前两名进入半决赛。半决赛进行交叉淘汰赛，胜者进入决赛，决出冠亚军，负者决出第三名、第四名。

2. 主要规则

①残奥冰球项目规则与奥运会冰球项目基本一致。运动员在冰球场内按规则运用滑行、运球、传球、射门、身体阻截等技术相互攻守，力争用冰球杆将球射入对方球门。

②每支球队的参赛人数为15名队员加2名守门员。如果队伍有女性运动员，则参赛人数最多为18人。双方上场各6名运动员，分别是守门员、左后卫、右后卫、左前锋、右前锋和中锋。

③比赛在中心争球点开球。在每局的开始和每次比赛停止以后，都将进行1次争球。所有争球都只能在9个指定的争球点上进行。裁判员站在争球圈内，把球落在2名相对而立的中锋或边锋之间。

④比赛可以随意换人，没有名额限制。

⑤比赛的裁判员由场内裁判员和场外裁判员组成。场内裁判员由1名主裁和2名边线裁判员组成，场外裁判员主要由监门员、记录员、计时员、宣告员、记罚员、录像监门员、裁判监督组成。裁判员对判罚和射中球门有决定权，在比赛中的任何时间均可进行判罚，包括常规比赛、加时赛、射门比赛、比赛停止期间、运动员离开冰面去往更衣室期间。

⑥运动员比赛中犯规，裁判员会根据性质不同分别给予小罚、队小罚、大罚、违例、严重违例、罚任意球、停赛等处罚。残奥冰球特别规定不许用橇座冲撞，橇座冲撞指运动员使用冰橇前方任何部位冲撞对方运动员，裁判员按犯规的不同程度，可判小罚、大罚、违例甚至停赛。

六 观赛与礼仪

1. 观赛指南

①残奥冰球比赛是冬残奥会项目中颇具观赏性的项目。参加比赛的运动员下肢都有残疾，包括双腿、单腿截肢或小儿麻痹。与冬奥会冰球相比，区别有两点：一是冰橇要根据规则规定、自身残疾和身体条件量身定做。二是冰球杆结构不同，长度变短，不超过1米；两端的形状功能不同，一端用来推冰滑行，另一端用来击球。残奥冰球选手在冰球场上自如掌控冰橇，灵活运用冰球杆控球、传球、射门，比赛的激烈程度毫不逊色于奥运会冰球。

②残奥冰球的越位规则与冬奥会冰球项目大致相同，不是看车架而是看冰刀位置。在球完全越过蓝线前，队员的两只冰刀完全越过其进攻区蓝线，即为越位。

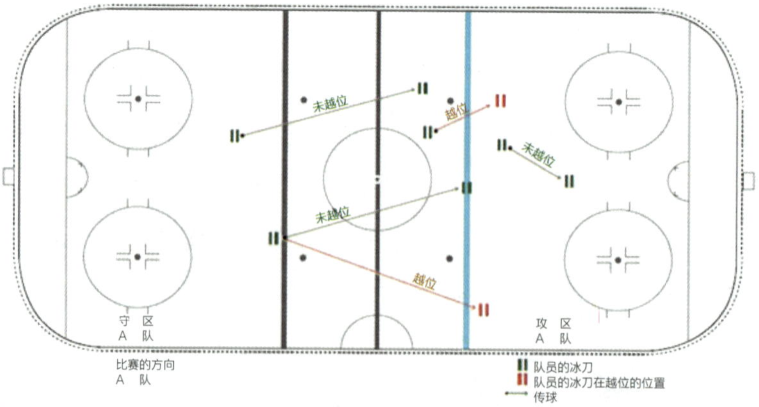

③死球的认定。人数相等或人数多于对方的球队，在红线后自己守区半场，以任何方式击球，球没有接触任何队员越过对方球门线，则判定该球为死球，在打死球的球队距球最近一侧的端区争球点争球。

混合型死球：如果球在越过对方端线前，攻队队员先于守队队员获得球权，将不被判定为死球；如守队队员先获得球权，仍被判定为死球。

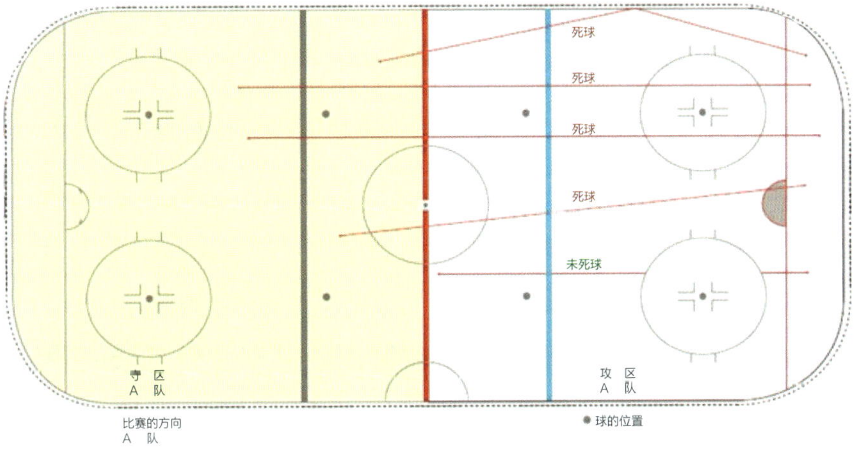

④残奥冰球的战术分类。

进攻战术：根据进攻的形式可分为快攻和阵地攻，按照区域可分为守区进攻、中区进攻、攻区进攻。

防守战术：防守战术体系通常根据运动员的技术、战术、身体训练水平和教练员的战术主张，以及对手的强弱来确定。一般的防守站位有“2-1-2”“2-2-1”“3-2”等，不同的防守体系对阵型和队员职责有不同的要求。

人数不等战术：冰球比赛经常出现场上人数不等，即多打少和少防多的情况。人数不等战术的成功运用直接影响比赛成绩，多打少尽可能多地创造射门得分的机会；少防多则努力破坏对方进攻，以不失分为原则。

2. 观赛礼仪

①运动员的精彩表现都应该获得观众的掌声，除了一般的射门得分和惊险扑救，精彩之处还有运动员间的默契配合、技艺高超的少打多、防守队员奋勇将球解围出本方蓝线等。

②文明观赛，不要吹口哨喝倒彩，更不允许向冰球场内投掷任何物品干扰比赛。

③接到运动员打到看台上的冰球，可以作为纪念品保留，每场比赛的比赛用球都很有纪念意义。当然，别忘记与大家分享喜悦。

④为主队加油打气也要掌握合适的时机，这样才能给运动员更大的动力。除去配合现场主持人的招呼，还有一些特殊的时机可以为运动员加油打气，比如主队连续做出精彩配合，或者主队被对手压制，或者少打多，场上运动员因无法被换下而极度疲劳的时候。呼喊口号和其他加油方式大部分情况下都可以一同进行。

七 助残与服务

①残奥冰球是在场馆内比赛的项目，运动员从运动员村到体育馆运动员落客点，除无障碍交通外，从上下大巴到进馆后的运动员更衣室再到轮椅存放和前往冰面的通道，一路的无障碍衔接尤为重要。

②残疾人观众需要特别关怀，从落客区到上看台，再到轮椅观赛区都要做到无障碍，还要做好紧急疏散的预案。

③馆内外应设置简易盲道和提示标识，还要在适当位置配置各种指南性盲文读物。

④在冬残奥会期间，工作人员、观众和志愿者，当遇到需要帮助的残疾人朋友时，一定要表现出自己的热情，为残疾人服务的同时，也是在向世界传播中华民族的优良传统和现代中国人的精神风貌。

残奥单板滑雪

PARA SNOWBOARD

单板滑雪项目是在特殊修建的雪道上进行的，雪道设置多种地形障碍，考验运动员的滑行技术。单板滑雪是一个非常时尚、惊险的项目，深受人们的喜爱。相较冬奥会单板滑雪项目，冬残奥比赛的项目设置更注重运动员的安全，不设置空中技巧类项目。

一 历史与发展

1. 项目起源

20 世纪 50 年代 冲浪和滑板爱好者用自制的滑板将冲浪技巧移植到了雪上。

1994 年 国际滑雪联合会接受单板滑雪为其一个分项。

1995 年 鉴于单板滑雪的发展，国际奥委会决定将单板滑雪纳入 1998 年长野冬奥会，设男子及女子大回转和 U 型场地技巧 4 个小项，并认定国际滑雪联合会为世界单板滑雪的管理者。

2014 年 经过包括残疾运动员在内的许多专业人士的尝试和推动，残疾人单板滑雪有了很大发展，并作为高山滑雪的一个分项，在索契冬残奥会上首次亮相。

2. 冬残奥历程

2014 年 单板滑雪作为一个新兴的冬残奥会雪上项目，在索契冬残奥会上首次出现。单板滑雪被列为高山滑雪的一个分项，比赛取得圆满成功，受到了各方面好评。

2018 年 鉴于单板滑雪运动的发展，国际残奥委会决定，平昌冬残奥会上将单板滑雪从高山滑雪中分离出来，列为单独的雪上分项。

冬残奥会单板滑雪的小项设置，在不失竞技性的同时充分考虑到残疾人的特点，不设置空中技巧类项目，提高了比赛的安全性。

3. 在中国的发展

2016 年 中国残奥委会 5 月正式成立冬残奥单板滑雪集训队。组队之初共有男子 UL、LL2 和女子 UL 三个级别。中国残疾人联合会高度重视集训队的建设与发展，多次进行全国范围内的选材。

2018 年 我国共派出 4 名男子运动员参加平昌冬残奥会，他们是男子 UL 级别的江紫豪、陈琢，男子 LL2 级别的孙奇、刘更亮。4 人均进入决赛，取得优异成绩。

截至 2018 年 9 月，我国在单板滑雪项目上已经形成全级别、全项目覆盖，一线队伍共 34 名运动员，同时组建了第二梯队，共有预备运动员 23 人，形成多梯队递进式备战队伍。集训队采取科学化训练方式，自组队之初多次参加国际大赛且与加拿大、澳大利亚等国的雪上项目运动员共同训练，取长补短。

2018 年第 12 届冬残奥会单板滑雪比赛中国运动员参赛情况

大项名称	组别	运动员姓名	小项名称		名次
单板滑雪（4 人 4 小项）	男子	江紫豪（河北）	坡面回转	UL 上肢	9
			障碍追逐		11
		陈琢（辽宁）	坡面回转		13
			障碍追逐		12
		孙奇（辽宁）	坡面回转	LL2 下肢	11
			障碍追逐		12
		刘更亮（河北）	坡面回转		14
			障碍追逐		13

二 竞赛与分级

1. 主要国际赛事

残奥单板滑雪重要国际比赛有洲际杯、世界杯、世锦赛、冬残奥会。

洲际杯：是洲际范围内举办的国际比赛，其他非本大洲国家也可参赛。洲际杯一般作为世界杯的资格赛在世界杯之前举办。我国现阶段参加过的洲际杯有亚洲杯、欧洲杯、北美洲杯与大洋洲杯。

世界杯：世界杯分为世界杯系列赛与世界杯总决赛两种，系列赛一般每年举办多站，运动员参加世界杯获得积分。

世锦赛：世锦赛每2年举办1次，是除奥运会以外最高级别的国际赛事。运动员参加世锦赛之前需要在12个月以内获得足够的积分。

冬残奥会：是每4年举办1次的世界性比赛，也是各个国家和运动员角逐最激烈的比赛。冬残奥会参赛资格通过世锦赛及世界排名获取，少量运动员可以通过外卡来参加比赛。

2. 运动员分级

目前冬残奥会的单板滑雪共设有3个级别：SB-LL1，SB-LL2，SB-UL。SB-LL为下肢体残疾，SB-UL为上肢体残疾。数字越小，残疾程度越重。可以简单理解为：UL是上肢体残疾，LL1是膝关节以上致残或双小腿截肢，LL2是膝关节以下截肢。下肢体残疾的运动员可以佩戴假肢进行比赛。

所有参加国际残奥委会举办的国际比赛的运动员，须在每个赛季之初参加组织分级的国际比赛，获得相应的国际分级资格。

三 设项与成绩

1. 冬残奥会项目设项

单板滑雪分为男女2个组别、各3个级别，一共设立8枚金牌。索契冬残奥会和平昌冬残奥会，由于女子UL级国际注册运动员人数过少，未被列入比赛项目。

单板滑雪设项一览表

项目	级别	坡面回转（BSL）	障碍追逐（SBX）
男子项目	SB-UL	1	1
	SB-LL1	1	1
	SB-LL2	1	1
女子项目	SB-LL2	1	1

2. 奖牌榜

历届冬残奥会单板滑雪比赛奖牌榜

序号	国家 / 地区	金牌	银牌	铜牌	总数
1	美国	5	5	3	13
2	荷兰	2	2	1	5
3	澳大利亚	1	0	1	2
	芬兰	1	0	1	2
	日本	1	0	1	2
6	法国	0	1	1	2
7	奥地利	0	1	0	1
	意大利	0	1	0	1
9	克罗地亚	0	0	1	1
	西班牙	0	0	1	1
合计		10	10	10	30

2018 年第 12 届冬残奥会单板滑雪比赛奖牌榜

项目	金牌	银牌	铜牌
男子 坡面回转 SB-UL	西蒙 · 柏特莫尔 （澳大利亚）	曼努埃尔 · 波泽尔 （意大利）	迈克 · 迈纳尔 （美国）
男子 坡面回转 SB-LL1	迈克 · 舒尔茨 （美国）	克里斯 · 沃斯 （荷兰）	诺亚 · 埃利奥特 （美国）
男子 坡面回转 SB-LL2	马蒂 · 苏哈马里 （芬兰）	基斯 · 加贝尔 （美国）	成田格林 （日本）
男子 障碍追逐 SB-UL	迈克 · 迈纳尔 （美国）	帕特里克 · 梅尔霍夫 （奥地利）	西蒙 · 帕特莫尔 （澳大利亚）
男子 障碍追逐 SB-LL1	诺亚 · 埃利奥特 （美国）	迈克 · 舒尔茨 （美国）	布鲁诺 · 波斯尼亚克 （克罗地亚）
男子 障碍追逐 SB-LL2	成田格林 （日本）	埃文 · 斯特朗 （美国）	马蒂 · 苏哈马里 （芬兰）
女子 坡面回转 SB-LL1	布伦纳 · 哈卡比 （美国）	艾米 · 珀迪 （美国）	塞西尔 · 赫尔南德斯－塞尔维隆（法国）
女子 坡面回转 SB-LL2	比比安 · 曼特尔－斯佩（荷兰）	丽莎 · 班克斯滕 （荷兰）	阿斯特丽德 · 菲纳 · 帕雷德斯（西班牙）
女子 障碍追逐 SB-LL1	布伦纳 · 哈卡比 （美国）	塞西尔 · 赫尔南德斯－塞尔维隆（法国）	艾米 · 珀迪 （美国）
女子 障碍追逐 SB-LL2	比比安 · 曼特尔－斯佩（荷兰）	布里塔妮 · 考里 （美国）	丽莎 · 班克斯滕 （荷兰）

四 场地与装备

1. 场地

★坡面回转

赛道坡度适中，并用雪修建出沿赛道滑行方向交错分布的坡面。赛道垂直高差在100~250米，赛道平均坡度在20度。赛道长度在400~1000米，斜坡宽度至少25米，赛道宽度至少4米。赛道的设置应以保证运动员安全为前提，赛道难度应符合运动员的滑行水平，保证运动员在滑行过程中获得较大速度。

★障碍追逐

单板滑雪障碍追逐比赛使用的场地垂直落差在100~250米，长度在500~1000米，完成比赛所需时间在40~70秒，平均坡度应该在10~14度（重点是要充分考虑低处坡度角）。

北京 2022 年冬残奥会残奥单板滑雪比赛场馆效果图

第 12 届冬残奥会比赛场地参数

项目		起点海拔	终点海拔	落差	赛道长度
坡面回转	男子	707 米	545 米	162 米	700 米
	女子	707 米	545 米	162 米	700 米
障碍追逐	男子	747 米	545 米	202 米	900 米
	女子	747 米	545 米	202 米	900 米

2. 服装与器材

（1）服装

根据国际残奥委会规定，参赛运动员在比赛中不允许穿紧身连体服装，必须穿分体式服装。服装材质等无参数要求，只对广告、商标数量、面积大小等有相应的规定。运动员在比赛时应穿防风、防寒、防水、保暖且具有弹性的服装。

（2）比赛器材装备

单板滑雪的比赛器材包括滑雪板、固定器、滑雪鞋、头盔、滑雪镜和残疾运动员特有的辅助器材，如保护装置和假肢等。单板滑雪项目器材分类相对较为简单，也没有明确规定滑雪板的参数。运动员可以根据自身条件进行选择。大部分运动员在进行追逐比赛时会使用专门的滑雪板，在比赛时滑行速度更快且更加稳定。

单板滑雪鞋：单板滑雪鞋分为软鞋和硬鞋两种。硬鞋同高山滑雪鞋非常相似（雪鞋外壳和雪鞋内胆），舒适轻便的软鞋适合冬残奥滑雪项目。

滑雪板：不同项目使用转弯半径不同的滑雪板，滑雪板的各项性能更加适合，特别是在强度、速度两个最重要的因素上尤为突出，配软式滑雪鞋增加控制的灵活性。

固定器：固定器将鞋和滑雪板固定在一起。软鞋和硬鞋要配不同的固定器。目前软鞋的绑带式固定器比较常见，固定器由底座、绑带、背板三部分构成。

滑雪运动假肢：运动假肢由接收腔、膝部及踝部关节、气压弹簧等组成。

头盔
滑雪镜
比赛专业服装
滑雪鞋
滑雪板
ALPINA
Panasonic
34
2018

五　赛制与规则

1. 基本赛制

★坡面回转赛

单板滑雪坡面回转赛采取单人计时赛形式，比赛最后的成绩以到达终点的时间判定。

运动员进行2次或3次滑行，取其中个人最好成绩决定最终排名。

★障碍追逐赛

单板滑雪障碍追逐赛采用预、决赛制。

预赛采取单人计时赛形式，运动员进行2次计时滑行，取2次成绩中最好的一次作为最终成绩，进行决赛排名。男子运动员前16名和女子运动员前8名进入决赛。

决赛采取双人或四人淘汰赛形式。运动员2人或4人一组，率先通过终点的1名或2名运动员进入下一轮，另一人将被淘汰，违反比赛规则也将自动被淘汰，直至决出冠亚军。

2. 主要规则

★坡面回转赛

比赛采用单人出发。

在比赛时，运动员必须按照规定路线滑行，在比赛过程中如有漏旗门的情况，将取消比赛成绩。运动员在比赛过程中摔倒时，如未主动放弃比赛，其他人不得帮助。

一般情况下，每名运动员在同一条赛道上滑行2次，取最好成绩决定名次。

如遇到2名运动员最好成绩相同，则取第二高滑行成绩比较，依此类推。

★障碍追逐赛

运动员在比赛过程中出现摔倒时，如未主动放弃比赛，其他人不得帮助。运动员在比赛过程中不允许有意地用推、拉或者其他的身体接触方式来使其他运动员减速、摔倒或者离开雪道，否则将被自动取消资格。无法避免的“无意的身体接触”是允许的。所有的身体侵害由场地裁判和竞赛仲裁委员会判决。

六 观赛与礼仪

1. 观赛指南

①冬残奥会单板滑雪是竞速项目，运动员上肢体或下肢体残疾，下肢体残疾运动员穿戴单肢假肢或双下肢假肢参赛。当运动员踏着单板轻盈飘逸地在雪上飞速滑行时，他们表现出的勇气和自强不息精神令人肃然起敬。

②对于穿戴假肢的残疾运动员来说，假肢是最重要的装备。一般的假肢很难让受力瞬间集中到一个点上，专项运动假肢却可以达到这样的要求。当然，性能再好的假肢也得靠运动员平时艰苦的训练与长期的磨合才能实现运动员对假肢的良好操控。

③观赏精彩的单板滑雪比赛要注意户外保暖。单板滑雪比赛场地风景壮观，但经常会遇到刮风、降雪天气。需要提醒观众的是，单板滑雪比赛须在户外观赛，通常气温较低、紫外线较强，观众请穿保暖透气的服装及防滑的鞋子，配备合适的滑雪镜，备好脸部防晒霜及护脸等物品。

2. 观赛礼仪

①为运动员坚韧不拔的精神鼓掌。单板滑雪比赛，运动员主要依靠脚固定在单板上从而控制单板进行回转滑行，要自如地控制好身体的平衡，对于双腿或单腿残疾的运动员来说绝非易事，为此我们一定要对他们的精彩表演给予积极的回应，为他们加油。

②一定要在安全护栏外围观看比赛，以免影响运动员滑行或造成伤害事故。比赛进行中不应来回走动，比赛结束后有序离场。

③文明观赛。为所有运动员加油鼓劲，为自己喜欢的运动员加油鼓劲，同时要注意举止文明，注意维护赛场环境、卫生和良好的秩序。

④比赛中不得与裁判等工作人员进行任何形式的谈话，包括询问成绩、对判罚有异议等。

七 助残与服务

①单板滑雪赛场主要的滑行赛道都在起伏的山道上，运动员从运动员村到赛场接驳点，再到比赛起点的无障碍无缝衔接非常重要。

②单板滑雪比赛起点与终点场地要有足够的平坦雪面，在雪面上要铺设防滑地毯。

③在缆车等雪场上行设施中要有足够多的经过培训的志愿者或工作人员提供帮助，保证安全，缆车站及周边也需要有尽可能大的区域供运动员穿脱雪板。

④观众席应设置无障碍通道，并在观众席上设置轮椅座席区。

⑤在相关区域设置足够适当的无障碍卫生间和医疗点，在赛场设置轮椅及假肢维修点，提供维修服务。

CHN
CHN

轮椅冰壶

WHEELCHAIR CURLING

冰壶又称冰上溜石，是一项以队为单位在冰上进行的投掷性竞赛项目。在冰壶比赛过程中，对阵双方要通过对本方冰壶布局来完成冰面上的博弈，故冰壶又被称为“冰上国际象棋”。轮椅冰壶是冬残奥会发展最快的项目之一。

一 历史与发展

1. 项目起源

14 世纪

冰壶又称冰上溜石，14 世纪起源于苏格兰，至今在苏格兰还保存刻有 1511 年的砥石（即冰壶）。

1924 年

在法国夏蒙尼举办的第 1 届冬奥会上，举行了男子冰壶比赛，英国队击败了瑞典队和法国队，获得冠军。2006 年国际奥委会追认这一比赛为冰壶运动在冬奥会中的首秀，并补发了奖牌。由于没有国际性的组织，冰壶在冬奥会设项一度中断。在 1998 年第 18 届冬奥会上，冰壶再次成为冬奥会正式比赛项目。

20 世纪 90 年代末

轮椅冰壶运动起源于欧洲。

2002 年

第 1 届世界轮椅冰壶锦标赛在瑞士举行。

2. 冬残奥历程

2006 年

在意大利都灵举办的第 9 届冬残奥会上，轮椅冰壶被纳入比赛项目。在决赛中，加拿大队以 7 : 4 战胜英国队，成为该项目的第一个冬残奥会冠军。

2010 年

在温哥华举办的第 10 届冬残奥会轮椅冰壶比赛中，加拿大队蝉联冠军。之后在 2014 年第 11 届冬残奥会上，加拿大再次卫冕，获得三连冠。

2018 年 在第 12 届冬残奥会上，中国轮椅冰壶队异军突起，先是在半决赛以 4∶3 战胜加拿大队，又在决赛中以 6∶5 力克挪威队夺冠，成为冬残奥会有史以来第二个获得轮椅冰壶金牌的国家。打破了加拿大队的垄断，创造了历史。

3. 在中国的发展

2007 年 黑龙江省成立了全国第一支轮椅冰壶队，并于 11 月参加了在苏格兰因弗内斯举办的轮椅冰壶世锦赛资格赛，获得第九名。

2010 年 中国残联委托黑龙江省残联在哈尔滨市举办中日韩轮椅冰壶交流赛，中国队获得金牌。

2012 年 中国队在韩国江原道春川举办的轮椅冰壶世锦赛中收获铜牌，这是中国冬残奥项目在国际大赛中的首枚奖牌。

2013 年 中国队在俄罗斯索契轮椅冰壶世锦赛中再次收获铜牌。

2014 年 中国首次派出轮椅冰壶队参加在索契举办的冬残奥会的比赛，获得第四名。同年，北京、河北、广东、上海、江苏、吉林、新疆等地先后成立轮椅冰壶队，为中国轮椅冰壶项目注入了更多的新鲜血液。第 1 届全国轮椅冰壶锦标赛在哈尔滨体育学院举行，黑龙江队获得冠军。

2015 年 轮椅冰壶首次成为全国残运会比赛项目，北京队获得金牌。在芬兰举行的世锦赛上，中国队获得银牌。

2017 年　中国残联跨省选拔运动员组建轮椅冰壶国家集训队，为队伍配备体能教练、按摩师和心理专家，并首次赴加拿大外训，全力备战平昌冬残奥会。

2018 年　中国轮椅冰壶队勇夺平昌冬残奥会金牌，实现中国冬残奥会项目金牌和奖牌“零”的突破。

2019 年　轮椅冰壶世锦赛于 3 月 3—10 日在冰壶发源地苏格兰斯特灵市举行，中国轮椅冰壶队以 5∶2 战胜东道主苏格兰队，获得冠军。这是我国轮椅冰壶队继平昌冬残奥会后再次获得高级别国际比赛的冠军。

二 竞赛与分级

1. 主要国际赛事

轮椅冰壶项目的重要国际赛事有世界轮椅冰壶锦标赛 B 组、世界轮椅冰壶锦标赛和冬残奥会。

（1）世界轮椅冰壶锦标赛 B 组——男女混合

对所有没有取得下一届世界轮椅冰壶锦标赛资格的协会队伍开放。3 支队伍将获得下届世锦赛参赛资格。

如果报名队伍数在 1~10 支之间，分 1 组；超过 10 支队伍分 2 组。这（些）组进行单循环比赛，决出进入复赛阶段资格的队伍。

复赛办法：

如果分 1 组：半决赛由第一名对第四名、第二名对第三名，胜者进入决赛（争夺金牌），负者进入铜牌争夺赛。赢得奖牌的队伍将得到参加下届世界轮椅冰壶锦标赛的资格。

如果分 2 组：2 组的第一名获得半决赛资格；资格赛 A 组第二名对 B 组第三名、A 组第三名对 B 组第二名，胜者获得半决赛资格。半决赛中如果每组 2 支队伍进入半决赛，则 A 组第一名对 B 组取得资格的队伍，B 组第一名对 A 组取得资格的队伍。如果有 3 支队伍来自同一组，则该组第一名与第三名进行半决赛，该组第二名与另一组的第一名进行半决赛。胜者进入决赛（争夺金牌），负者进入铜牌争夺赛。获得奖牌的队伍将得到参加下届世界轮椅冰壶锦标赛的资格。

（2）世界轮椅冰壶锦标赛——男女混合

共有 12 支参赛队伍。包括 1 支东道主协会队伍，8 支取得上一届世界轮椅冰壶锦标赛前八名的队伍和 3 支在世界轮椅冰壶锦标赛 B 组中获得资格的队伍。

预赛采用循环赛决出前六名。

复赛办法：

排名第一和第二的队伍将进入半决赛，排名第三到第六的队伍进入资格赛（第三名对第六名，第四名对第五名），资格赛获胜的队伍进入半决赛。半决赛中，排名第一的队伍对阵排名最低的获胜队伍（例如第六名），排名第二的队伍对阵另外一支获胜队伍。胜者进入决赛（争夺金牌），负者进入铜牌争夺赛。

（3）冬残奥会——男女混合

冬残奥会轮椅冰壶是最高级别的比赛，共 12 支参赛队伍，包括东道主残奥委会的 1 支队伍和前三届世界轮椅冰壶锦标赛中获得最多参赛积分的国际残奥委会成员国的 11 支队伍。

比赛分循环赛、半决赛和决赛进行。

2. 运动员分级与分级测试办法

轮椅冰壶的分级规则是对残疾程度的界定，只要达到既定标准即可参赛，最直观的标准即是下肢必须有明显的损伤，日常生活必须依靠轮椅，不能独立行走或仅能短距离行走。

符合以下最低标准之一，即可参赛：

①肌力损失：双下肢肌力 <40 分。注：肌力评估总分为 80 分，包括髋关节屈曲、伸展、内收、外展，膝关节的屈曲、伸展，踝关节的跖屈、背屈。

②截肢和类似残疾：双侧踝关节以上截肢；单侧髋关节离断；一侧膝关节以上截肢，另一侧下肢肌力 <25 分。

③肌张力增高：下肢肌张力 3~4 级，不能独立行走，或仅能在室内短距离行走。

④协调功能障碍：下肢协调功能障碍，可有肌力下降或肌张力增高，不能独立行走，或仅能在室内短距离行走。

⑤双下肢有 2 个或 2 个以上的大关节（大关节指髋、膝、踝）存在严重且永久的关节活动度受限，受限范围 ≥ 50%，并伴有双下肢肌力减少 <50 分。

⑥上述情形的复合残疾，日常生活须使用轮椅。

三 设项与成绩

1. 冬残奥会项目设项

轮椅冰壶为男女混合项目，冬残奥会轮椅冰壶比赛设金牌1枚。

2. 奖牌榜

历届冬残奥会轮椅冰壶比赛奖牌榜

排名	国家	金牌	银牌	铜牌	总计
1	加拿大	3	0	1	4
2	中国	1	0	0	1
3	英国	0	1	1	2
4	韩国	0	1	0	1
	挪威	0	1	0	1
	俄罗斯	0	1	0	1
7	瑞典	0	0	2	2
合计		4	4	4	12

近三届冬残奥会轮椅冰壶比赛成绩

成绩＼年份	2010 年	2014 年	2018 年
1	加拿大	加拿大	中国
2	韩国	俄罗斯	挪威
3	瑞典	英国	加拿大
4	美国	中国	韩国
5	意大利	美国	中立残奥运动员代表团
6	英国	斯洛伐克	瑞士
7	瑞士	瑞典	英国
8	德国	挪威	德国
9	挪威	韩国	斯洛伐克
10	日本	芬兰	瑞典

四 场地与装备

1. 轮椅冰壶场地

标准的冰壶赛道长45.72米，宽4.75米。整个区域被线划分开，或用分隔板隔开。

赛道两端各画有一个半径为1.83米的圆圈，称为大本营。运动员投壶的一端称为投壶端大本营。赛道另一端的圆圈称为比赛端大本营。大本营是由4个半径分别为0.15米、0.61米、1.22米和 1.83米的同心圆组成。在场内有6条与端线平行的横贯赛道的线，中间的两条线称前掷线，两端的两条称底线。在前掷线和底线的中间有一条与中线交于大本营中心的线，称“T”线。前掷线和 T 线之间，不包括大本营的区域称为自由防守区，在比赛中需要执行专门的自由防守区战术。

为减小壶与冰面的摩擦，比赛前要在冰面上均匀喷洒水珠，形成点状麻面。冰面的清洁和温度对冰壶的运行速度和准确性产生直接影响，不同的冰面情况，对运动员技术、战术的选取和实施影响巨大。为保证冰面质量的稳定，赛道冰面必须保持在-4～-6℃，馆内空气湿度必须为35%。因此，场地必须有排风和除湿设备。冰壶比赛的场地灯光至少在1000勒克斯，保证场地的亮度，但是不能让运动员在投壶时感到刺眼。

轮椅冰壶不使用起蹬器，但是有专用的2条轮椅线。这2条线从前掷线到最近圆的最外侧，与中线平行且在中线的两侧。每条线的外沿到中线的距离为0.457米。规则规定，在起蹬器和投壶端大本营前半区最外沿之间投壶时，轮椅必须固定，以使开始投壶时冰壶固定在中线上。在大本营前半区最外沿和投壶端前掷线之间投壶时，轮椅必须固定，以使开始投壶时冰壶的宽度在轮椅线之间。

2. 服装与器材

（1）服装

★冰壶服装

冰壶运动的服装原则上要保暖、大方、不影响动作。轮椅冰壶运动员的服装主要以保暖为主，同时须符合规则规定：

① 同队的所有成员要穿统一的服装和适当的鞋进入场地。参赛队若分配到浅色手柄冰壶，则穿浅色衬衫和比赛用夹克衫或毛衣；若分配到深色手柄冰壶，则穿深色衬衫和比赛用夹克衫或毛衣。在每次比赛开始之前均需要将服装颜色上报世界冰壶联合会进行登记。队伍的官员和教练员必须穿队服进入场地。除非经世界冰壶联合会（WCF）批准，否则浅色服装必须以白色或黄色为主，并且前后两面都至少有70%的白色或黄

色。任何其他备选的服装必须在比赛至少8周前得到批准，或在一个赛季开始时提出，用于参加多次比赛。

② 每件衬衫和夹克衫或毛衣后背上方要有运动员的姓，字母尺寸为5.08厘米（2英寸），名字在参赛队名的下方约腰部位置，字母尺寸为5.08厘米（2英寸）或更大一些。如果需要的话，国家的象征、标志也可以放在服装背部，但仅限于在协会与队员姓和名之间的位置。当同一队有2名或更多人为同一姓时，名字第一个字母也要标出。

③ 按照规则，当某些服装或装备器材不适合或不可接受时，世界冰壶联合会有权禁止使用该服装或装备器材。

④ 队员或教练没有穿着合适的服装，将被禁止进入场地和教练席。

★手套

在轮椅冰壶比赛中，因不使用电子感应冰壶，故根据目前规则，运动员在投壶时可佩戴手套。

（2）比赛器材装备

★轮椅

轮椅冰壶比赛中，对运动员所使用的轮椅无特殊要求。

★投掷杆

投掷杆应由杆头、杆和把手组成。最新规则规定：从杆头至把手，最长不得超过 2.45 米。目前允许使用的杆头只有传统杆头和 GTX 杆头两种。

★冰刷

轮椅冰壶比赛不允许扫冰，冰刷通常只是用来指点，很多国家用来指点的并不是常见的冰刷，而是根据其各自特点自制的装备，尺寸大小也不一致。目前规则规定，只要不破坏冰面，都在允许范围之内。

★冰壶

轮椅冰壶比赛所使用的冰壶也与冬奥会使用的相同，只是不使用电子壶盖。冰壶由不含云母的花岗岩石制成，其圆周不超过 91.44 厘米（36 英寸），高度不低于 11.43 厘米（4.5 英寸），包括手柄和螺栓在内的总重量不得超过 19.96 千克（44 磅），不轻于 17.24 千克（38 磅）。每队使用一组同颜色手柄和明显标识的 8 个冰壶。

冰壶与冰面接触的面为一个凸起的环形部分。冰壶底部与冰面接触的环形部分并不像冰壶其他部分一样抛光，而是相对粗糙。这就使得冰壶在运行过程中，既能保证水平方向的速度又能通过旋转摩擦力产生一定的弧线轨迹。一个浅灰色带围绕冰壶，它是冰壶撞击的部分。

★其他设备

① 比赛中场地所有设备必须满足世界冰壶联合会的装备标准。该标准发布在世界冰壶联合会网站上，包括装备未经批准的理由，例如：破坏冰面，与现有的规则或标准不一致（即电子通信设备），用具性能测试结果表明因具有优势会影响比赛公平，未能在世界冰壶联合会官方截止日期注册装备，等等。

② 比赛中使用不合乎标准的装备的处罚。

在比赛中第一次犯规：取消该队员本届比赛资格，该队本场比赛判负。

在比赛中第二次犯规：取消队伍本届比赛资格，全部队员在世界冰壶联合会管理的比赛中禁赛 12 个月。

五 赛制与规则

1. 基本赛制

比赛分预赛、复赛进行。

预赛：采用循环赛制，前四名进入复赛。

复赛：半决赛中，预赛第一名对第四名，第二名对第三名。胜者进入决赛，争夺金牌，负者进入铜牌争夺赛。

2. 主要规则

①比赛方式与冬奥会比赛相同：每局比赛中，每队投掷8支壶，4人出战，每人投掷2次，双方均按照一垒、二垒、三垒和四垒的顺序交替进行投壶。16支冰壶全部投掷完，一局结束。每局中冰壶最接近圆心的一方得分。每队每1个进入大本营中、较之另一队所有冰壶都更接近圆心的冰壶都可计1分。

②运动员坐在轮椅上将冰壶投出。在起蹬器和投壶端大本营前半区最外沿之间投壶时，冰壶固定在中线上。在大本营前半区最外沿和投壶端前掷线之间投壶时，冰壶位于轮椅线之间。投壶运动员的脚禁止接触冰面，轮椅的轮子必须与冰面直接接触。

③投壶时可正常使用手臂进行，或使用符合要求的投掷杆。冰壶在到达投壶端前掷线之前，必须明显脱离手或投掷杆。冰壶在到达投壶端前掷线后算作进入比赛状态。投壶时，未达到投壶端前掷线的冰壶由队

员重投。

④不允许扫冰。

⑤如果投壶违例，违例壶将被拿走，其他所有被触动的冰壶将由未违例队伍放回违例发生前的位置。

⑥所有参赛队伍必须有4名投壶运动员，且上场队员必须同时包括男女运动员。违例队伍将被判比赛失败。

⑦在1局比赛中，1名运动员如果不是被裁判驱逐出场，而是由于疾病、意外或者其他特殊情况需要离场，按如下办法处理：

只要队员投完他所有的壶，离场队员可以返回比赛。

如果离场队员本局还有壶没投，替补队员必须立刻出场比赛并按离场队员的顺序投壶。此时队伍仍须包括男女队员。如未做到，则本场判负。从下一局开始队伍可以改变投壶顺序（这种改变适用于本场比赛的剩余部分），被替换队员不得再上场。

如果离场队员已投完该局的2个壶，从下一局开始队伍必须使用替补队员，根据需要可以更换投壶顺序（这种改变适用于本场比赛的剩余部分），被替换的队员不得再上场。

⑧所有比赛采取8局制，每场至少打满6局，各队思考时间为38分钟，每场比赛仅有1次暂停。如加局，每加一局有1次暂停。

六 观赛与礼仪

1. 观赛指南

①轮椅冰壶比赛中，每个壶的投掷都是个人以及全队技术、战术意图、构思与决策的体现，运动员屏气凝神准备投掷动作，确定投掷路线，这些都是冰壶运动的“静”。同时，冰壶运动也极具动感，一次强有力的大力击打、一次技术与力量完美结合的打甩将轮椅冰壶运动的“动”展现得酣畅淋漓。此外，轮椅冰壶作为冬残奥会累计竞赛时间最长的项目，对残疾运动员的耐力有极高的要求。有的运动队在残奥会期间甚至一天要进行三场比赛，这对运动员的体能和心理都是极大的消耗，同时也完美地诠释了冰壶运动的“动”。

②冰壶运动取胜的关键在于最终使得己方冰壶较对方所有冰壶更为接近大本营中心，即“取”，取分是冰壶竞赛战术的起点与终点。然而并不是所有运动员、运动队都以投掷后或本局得分为唯一目标，因为冰壶运动的一个重要规则就是“得分的队在下一局中是先手”，而先手的队伍在竞赛中处于绝对劣势，所以有时运动员会为了保留后手而主动放弃得分，这就是冰壶运动的“舍”。

冰壶运动的“取与舍”还体现在对于“失误趋向”的掌握和把控能力，投壶队员在实施战术时要根据“失误趋向”进行“取与舍”。

③作为集体项目，一个冰壶队既是一个合作默契的团体，同时又要求各个垒次运动员特点鲜明，各司其职，这就是冰壶运动所展现的

“垒”的特点。可以将冰壶不同垒次运动员的特点归纳为“一垒投、二垒打、三垒综合、四垒核心”。一支成熟冰壶队的基础必定是4个垒次运动员的各司其职。因此，团队的精妙配合、技术、战术的巧妙实施是轮椅冰壶比赛的一大看点。

2. 观赛礼仪

①轮椅冰壶是一项独具特色的冬残奥会集体项目，观众应该自觉维护赛场气氛，为比赛双方加油鼓劲，杜绝观赛过程中的不文明行为。

②加油助威时要方式得当，掌握好时机和节奏，特别是不要在运动员投壶时呐喊鼓掌，这样会干扰运动员，破坏比赛的氛围。

③严禁在比赛过程中使用闪光灯拍照。

④残疾运动员由于不同程度的伤残造成举止不协调时不应对他们议论、嘲笑。

七　助残与服务

①运动员从运动员村到体育馆交通方面需要残疾人专用的无障碍车、车辆专用车道等，安检时要考虑到残疾人的特点和感受。

②轮椅冰壶属于在馆内比赛的项目，场馆内外都要有无障碍坡道，从进馆到比赛场地，到运动员休息室，再到轮椅存放，实现一路无障碍衔接尤为重要。

③由于使用轮椅的残疾人观众上下轮椅不便，且座位可能远离过道，场馆内应设置特定的轮椅座席区域，同时场馆内要有无障碍电梯与无障碍卫生间，方便残疾人朋友、老年人等有需求的人员使用。

助残理念与服务

助残理念与服务

一、冬残奥会助残理念

2022 年冬残奥会将吸引来自海内外的残疾运动员、教练员、技术官员、志愿者、媒体记者以及观众，届时全世界的目光都会聚焦在北京和张家口，关注精彩纷呈的冬残奥冰雪赛场，同时也会关注举办过 2008 年夏季奥运会、残奥会的“双奥”城市是否更加具有包容性。我们的市民、观众、志愿者、冬奥及冬残奥工作人员都应进一步提高助残理念，理解、平等、尊重，以包容的态度和专业的服务，确保冬奥会和冬残奥会取得圆满成功。

残疾人这个社会最困难群体的解放，是人类文明发展和社会进步的一个重要标志。自有人类社会就有残疾人，残疾是人类发展进程中不可避免要付出的一种社会代价。随着人类文明的演进，特别是现代科学技术的发展，通过对残疾人现象的研究，人们越来越多地认识到残疾发生的原因和规律，从而采取有效的预防措施，在一定程度上和一定范围内，预防残疾的发生，控制残疾的发展，使人类自身不断完善，人类社会得到进步。残疾人现象促使人类对自身做出更深刻的思考，丰富了对人的本质、人的发展的认识。社会应当平等对待残疾人。

当代国际社会在认识残疾人问题的视角上有一个明显的变化，由原来的只从残疾本身找原因，转向更多地着眼于从社会方面找原因。残疾对残疾人参与社会生活的影响度，主要取决于外界环境，外界的环境障碍才是阻碍残疾人参加社会活动的主要原因。

其实，任何人权利的实现和能力的发挥都离不开一定的社会补偿条件，社会的补偿未能体现，障碍随之产生。而社会补偿对残疾人更为重要，残疾人如不能同等参与社会生活，就会在社会中处于某种不利的地位，譬如一个台阶对于使用轮椅的肢体残疾运动员、无字幕影视节目对于听障人士、常见的印刷文字对于视障人士都是显而易见的障碍。社会为残疾人提供特别扶助，使残疾人能无障碍地享受社会服务和参与社会各类活动。

人道主义是处理人与人之间关系的基本道德规范，发扬人道主义精神，理解、尊重、关心、帮助残疾人群体是人类文明和社会进步的一个重要标志。

2008年奥运会和残奥会曾给了我们一个历史的契机，运动会开得富有感情色彩，仿佛是一场爱心检阅，让北京人经历了一次爱的洗礼。全社会更加理解、尊重、关心、帮助残疾人，无障碍的理念得以广泛传播，盲道、坡道、无障碍电梯等设施，如雨后春笋般地兴建、改建，使更多的健全人与残疾人真切地体会到平等参与共享和残奥会“我们平行”的深邃内涵。相信2022年即将举办的冬奥会和冬残奥会将再次促进人道主义精神和人文奥运理念在华夏大地的践行，使2022年冬残奥会不仅成为全世界残疾人团结友谊的体育盛会，更成为人类社会文明进步的隆重庆典。

二、与残疾人交往的礼仪

原则上说，对残疾人最大的尊重，就是像对待健全人一样平等地正常交往。我们对残疾人士因为身体原因造成的不便应予以理解，尊重残疾人士与健全人的差异。

与残疾人初次见面交谈时，注意不谈不相关的话题，不该问的个人隐私话题不去谈；不谈与残疾人本身的身体残障有关的话题。

一些并不参与残疾运动员的现场服务和协助工作的人士，出于好奇心，常常会到场内去观望残疾人，这样做是不礼貌的行为。

用尊重、有礼貌、有尊严的方式对待残疾人士；必须事先征得残疾人本人的同意，再实施帮助和服务；如果对方不接受就不必坚持，这是对对方的尊重。

与坐轮椅的人士说话时应尽量采用平视对方的方式，任何时候，都不要过分强调残疾的特殊性；助残要适度，既不“疏远冷漠”，也不“热情过度”。

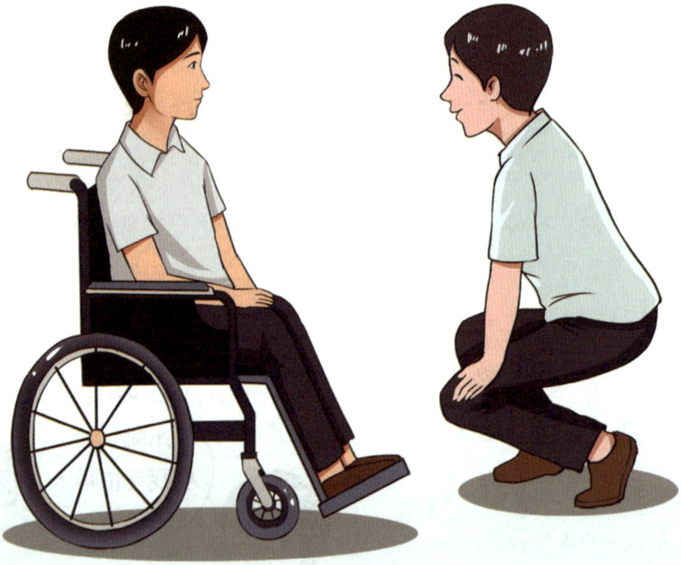

当我们被引荐与残疾人认识的时候，伸出手和对方握手是正确的选择。当对方手的行动受到限制或者是使用义肢的残疾人，可能需要用左手握手，这也是正确的问候方式。

谈吐中提到残疾人士，一定要把“人”放在第一位，诸如“瞎子”“弱智”“聋哑”“残废”之类是非常不恰当的称呼，这违背了残疾人士个人权利的平等和尊严，应使用“视力残障人士”“智力障碍人士”“听障人士”等。不要用“正常人”一词反衬残疾人，暗示残疾人士“不正常”，而应使用“非残疾人士”“健全人”这些词汇来代替。

此外，还要注意中西文化的差异，了解各个民族和国家的风俗忌讳及宗教信仰，避免造成无意的伤害或误会。

三、助残要领

助残是美德，但也要讲究方式、方法，要掌握助残的基本要领和技能，做到有针对性，恰到好处，使受帮助者感到自然、舒服，使爱心得到真实传递。

1. 与视障朋友交往

（1）尊重视障朋友的特点和喜好

视障朋友的视力障碍会导致对自己的动态行为具有很大的不确定性，但其听觉一般比较灵敏，并对盲杖产生很大的依赖性，切不可随意触摸、剥夺其盲杖。

视障朋友比较喜欢交际，互相接触时我们应当要事先打招呼。在距离视障朋友一两米远时，首先应有一个声音的提示，让其知道你在附近，然后再进行交谈和帮助，语调应诚恳、平和。

视障朋友一般都比较拘谨，切勿大声疾呼或突然向其握手和拥抱，以免使其受到惊吓。

如果是和两位以上视障朋友在一起，不仅要和认识的朋友打招呼，也要与不认识的视障朋友打招呼；要记住先通报你是谁，使对方都明白你是谁，你想与哪位视障朋友说话。当要离开时，须事先告知和你说话的那个人。

相互接触中视障朋友要离开时，要做到“有迎有送”，礼数周到。

与视障朋友在一起时，不要窃窃私语或者互相用手势交流，让视障朋友产生猜疑，感到不舒服。

接触视力障碍运动员千万不要出于好心和热情随意赠送食品、饮料等， 须知为了防止发生兴奋剂及其他安全问题，所有参赛队及体育组织都对运动员的饮食有严格要求。

（2）为视障朋友引路

一般来说，不经过询问请不要去尝试为视障朋友引路。

如征得同意引导视障朋友出行，引导方式也要力求规范。切记不可以牵引盲杖为视障朋友带路，这样会给视障朋友带来很大的不安全感。

正确的引路方法是：首先让对方拉住或扶住你的胳膊，至于是牵扶你的左胳膊还是右胳膊，还要依从视障朋友平时的习惯。

其次，为视障朋友引路时，要使用描述性的语言，把健全人能看到的一切都尽量多地讲出来，譬如周边的自然风景、交通、建筑等情况。走进室内时，要告知到了该场馆或建筑的哪个位置，周边是怎样布局的，现在大致有多少人，准备行进的方向，将要通过哪些功能设施，等等。

引领视力障碍运动员进入比赛场地时，应有避险意识，在赛场地毯卷边处和铺设有电缆、电线等地方要防止其绊倒；为视障朋友开门要完全打开，半开的门、弹簧门很容易碰伤视障朋友。一些视障朋友的眼睛需要特别防护，要避免磕碰他们的头。

（3）引领视障朋友入座

注意要避免使用“你坐这儿、坐那儿”这类的语言，因为视障朋友视力不佳，对方向、位置难以把握。引领他们就座时要明确地告知，请坐在你的左边或右边、前面或后面的位子等，要给他们一个十分明确的指示。

如果给视障朋友让座，要把他的手轻轻放在座椅的靠背或扶手上，让他能够确定座椅的位置。

（4）帮助视障朋友使用洗手间

应该引导视障朋友的手去感知冲水把手、坐便器、其他相应部件以及卫生纸的位置等，确认视障朋友都明白后再离开。

（5）引领视障朋友进餐

引领视障朋友在桌餐用餐时，应先帮视障朋友触摸到自己的碗、筷、杯、盘在什么位置；为视障朋友布餐建议采用形象化布菜法，将餐桌上的盘子视为一个钟表，告诉视障朋友各种菜所摆放的位置，如色拉在12点钟的位置上，烤鸡在6点钟的位置上，面包在9点钟的位置上，等等。这样，视障朋友只要触摸到盘子的位置，便很容易取到各式菜肴。

引领视障朋友选用自助餐时，除了报菜名外，建议询问清楚对方不喜欢或忌讳什么食品。

当视障朋友开始就餐时，我们应尽量站在稍远处，不要让他感到有人在近旁观餐，以免他不舒服。

2. 与肢体残疾朋友交往

（1）尊重肢体残疾朋友的特点和喜好

肢体残疾朋友的行动不方便，与之交往时，要充分尊重对方，一些肢体残疾人士因为残疾程度比较重，可能不太愿意照相，不要强求与肢体残疾人士拍照。

到住处造访重度肢体残疾人士时，一定需要事先征得同意，因为许多残疾人没有佩戴假肢、支具，没有乘坐轮椅时，行动非常不便，意外来访会使他们产生压力。

轮椅是许多肢体残疾人士的代步工具，不要因为好奇而乘用、摆弄轮椅，也不要倚靠在肢体障碍人士的轮椅或者其他辅助设备上，以免移位造成不安全因素，不要拍轮椅使用者的头或者肩，使用居高临下的方式向他表示友好；如遇有乘轮椅者行进时，不要紧贴在轮椅前面，以免遮挡乘轮椅者的视线，影响其观察路况。没有征得同意，不要帮助他们推轮椅。这些细节都体现出彼此之间的尊重。尊重他人才能赢得别人对自己的尊重。

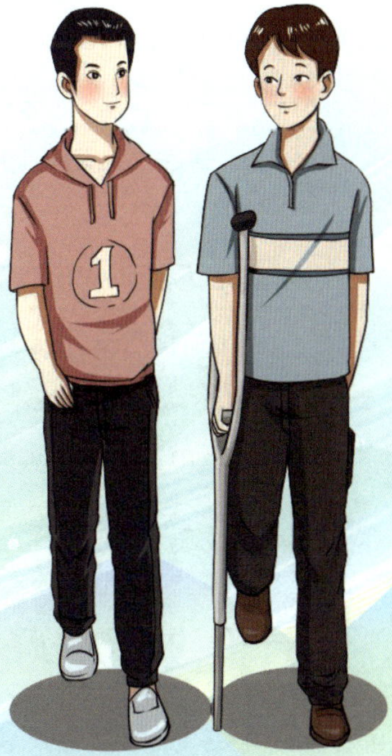

（2）与使用拐杖的肢体残疾朋友同行

与使用拐杖的朋友同行、上楼梯或乘电梯时，最好走在他们前面，不要让他们有紧迫感。如果为了方便照顾对方，也可在征求其意见之后，陪伴在适合的位置。

除了注意行进间的避让外，不必给予特别的帮助，只在进门时可以主动打开门方便其通过。使用拐杖者最怕的是湿滑地面，遇到这种情况应及时提醒并上前搀扶以防滑倒。

（3）推轮椅的正确方法

帮助肢体残疾朋友推轮椅时，首先要做到平稳安全，不能求快，不能急停急起，转弯进窄道时要随时与乘坐人沟通，上坡时要把握好两腿重心，避免打滑和蹬空。下坡时推车人身体后仰控速保持平稳，坡度超过15度时应采用倒车下坡，缓慢倒车滑行，控制车速保证安全。通过小的坡坎或沟缝时，注意抬起轮椅前端小轮，待通过后再放平轮椅，以免从轮椅上冲跌出来。

（4）辅助乘坐轮椅和离开轮椅

帮助肢体残疾朋友乘轮椅的要领是：将轮椅推到最便于上车的位置；扶稳轮椅有利于乘车人扶椅上车。

帮助肢体残疾朋友离开轮椅的要领是：将轮椅推到最近的过渡地点，如大巴车或比赛用的雪车等；停车扣上车闸以便帮助其离车；如乘坐人不需要帮助，则将轮椅扶稳直到其安全离开；将轮椅推放到合适的地点。

（5）帮助重度肢体残疾朋友从轮椅转挪到竞赛座椅上（冰橇、坐式滑雪器等）

脊髓损伤肢体残疾运动员参加比赛时，需要从生活轮椅转换到冰橇或坐式滑雪器上。转换时应注意的事项有：

① 将轮椅车闸扣好，将冰橇、坐式滑雪器固定或有人扶稳。

② 走近肢体残疾运动员，让运动员手臂搭在协助者的肩上，重心前移，头靠一侧两手扣住协助者，然后协助者顺势抱住对方臀部后转体，将其移至坐式滑雪器或冰橇上，再调整好坐姿。

③ 移动过程中要贴紧运动员。

④ 一起一放要准确，转移时自己的两腿要平稳移动。如遇体重较大的运动员，要采用双人帮助法，一人从背后臂下抱住胸部，另一人从正面双手抱住大腿膝关节弯曲处。帮助脊髓损伤人士时，切忌背后拉、拽等动作，以免导致其二次受伤。

3. 与听障朋友交往

（1）尊重听障朋友的特点和喜好

由于有独立的听障运动会，即听障奥运动会，所以，冬残奥会的运动员中没有听障这个群体。但毕竟是残疾人的体育盛会，听障朋友也会比较关注冬残奥会。

听障朋友生活在无声的世界里，但耳朵的失聪会促使其观察能力增强，尤其是对健全人表情的观察会更加细致入微。由于没有声音信息，这样的观察可能会带有主观臆测色彩。因此，与听障朋友交往时，要主动为对方解释或者翻译周围发生的事情，并坦然面对听障朋友的眼神。任何窃窃私语或者频繁地转身相背，都可能引起听障朋友的猜疑。

在社交活动场所如有听障朋友在场，请以信任、友好的心态和表情面对他们，对于听障朋友特殊的困难要给予及时的帮助。

（2）与听障朋友交流

与听障朋友交流时，应微笑地提前打招呼，多注视对方的眼神和手势，如看不懂他们的手语，可进行笔谈，用语要直截了当，避免用晦涩、幽默或说反话等方式与他们交流，以免引起误解。在任何时候，诚恳都是与听障朋友沟通的根本。

（3）与听障朋友手语交流

使用手语与听障朋友交流是最好的方式，但要注意手语的准确性以及与表情的配合。比如“等一等”和“活该”这两个词的手语十分相似，打得不准确就容易造成误解。这两个词的手语所配合的表情是大不一样的，要表达“等一等”时一般面带微笑，而表达“活该”时，肯定是生气、愤怒的表情。

助残是一件高尚的事情，但不是只要有热情和意愿就可以轻易完成。我们不但要学会助残的基本技能和技巧，还要让自己所提供的服务被残疾人接受和认可，让自己在提供服务的同时受到残疾人的欢迎和尊重。其中的关键点就是掌握“平等”和“尊重”。

四、观赛礼仪和注意事项

1. 看懂比赛，为选手加油助威

对残疾运动员的最大尊重，莫过于在赛场上为其加油助威了，这也体现了观众对参赛运动员的尊重。

残疾人体育运动，特别是冬残奥会这样最高级别的赛事，有其特殊的竞赛理念和竞赛规则。要读懂一场残奥比赛，首先应对观赏的运动项目以及运动员的残疾类别和残疾轻重的划分有基本的了解，才可能被运动员克服生命局限的勇气所感染，从而燃起观赛激情。

冬残奥会雪上项目分4个大项，即高山滑雪、越野滑雪、冬季两项以及单板滑雪。前三项根据残疾类别都有肢体残疾类和视力障碍类，肢体残疾类又因残疾程度不同分为站姿组和坐姿组；单板滑雪用一个滑雪板，由肢体残疾运动员参赛，无论是上肢体残疾还是下肢体残疾都采用站姿比赛。

冬残奥会冰上项目有2项——轮椅冰壶和残奥冰球，是由肢体残疾运动员组队参加的集体项目比赛，比赛在体育馆内的冰面场地上进行。

这些项目都有自己的竞赛规则和技术特点，冬残奥会运动员展现出精湛的运动技艺和人生潜能，尽显冰雪运动的魅力。

2. 尊重升旗仪式

作为最重要的赛事，冬残奥会开、闭幕式和比赛的颁奖仪式上，都会有升旗仪式，无论是对国际残奥委会会旗还是获得前三名有关代表团的国旗（会旗），都要给予应有的尊重。这是必须遵守的礼节，也是国民文明素质的基本体现。

当宣布升旗仪式开始时，赛场内全体人员除身体因素不便起立外都要起立，如戴帽子应摘下帽子，在场内各处忙碌的工作人员应立即停下手中的工作，在原地站立，身体转向旗杆方向，等待升旗，不能以工作为由无视即将开始的升旗仪式。坐在轮椅上的朋友，虽无法站立，但也同样要对国旗表示由衷的尊敬，身体不要晃动，应行注目礼。

3. 尊重各国运动员

体育比赛的最大魅力是其结果的不确定性，作为观众，本国运动员和其他国家（地区）运动员的竞争无论胜负，我们都应该表现出极大的宽容和大度，应当给予所有运动员，特别是其他国家（地区）运动员应有的尊重与祝贺，这是一个文明观众应该具有的素质之一。无论是哪个国家（地区）的运动员（队）获胜时均应鼓掌致意，尊重运动员。当残疾运动员由于不同程度的伤残造成动作不协调时，不应议论、嘲笑。比赛中途，尤其在举行颁奖仪式时，不要随意走动，也不应提前退场。

4. 雪场观赛注意要点

观看雪上项目比赛应按组委会统一要求，听从工作人员或志愿者的引导，到指定的观赛区观看，不要因为想近距离观赏或因比赛激烈想靠近给运动员加油而跨出隔离带，这既不安全又会影响比赛。

雪上赛场有明确的观众指示路线，应按照指定路线行走，以免摔倒。

5. 场馆观赛注意要点

冬残奥会冰上项目在馆内举行，残奥冰球项目需要热情洋溢，与场上比赛的激烈场面相互呼应；轮椅冰壶项目需要声援有节，保证运动队独立思考，观众也不能违背规则乱喊涉及战术的语言。

场馆内观众应共同遵守的要点大致如下：

①室内赛事拍照不用闪光灯。

②手机应调为振动或静音。

③为主队加油助威的同时也要保持东道主的大度。

④标语旗帜尺寸适中。

⑤不应携带易拉罐、玻璃瓶入场。

⑥比赛开始前尽快入场，不要随意停留在过道上看比赛。

⑦比赛过程中不应随意在场内走动。

⑧保持馆内环境卫生，不要乱扔纸屑、果皮。

⑨比赛中不要有意发出与比赛无关的怪声。

⑩不应在比赛中随意质疑判罚、谩骂裁判。

总之，我们应展现良好的文明素质，让来自不同国度和地区的朋友，在各种场合下都可以感受到有礼貌的关注和尊重，从而展现我们泱泱大国的魅力与风范。